Die Welt im Narrenspiegel

Eki nov Leppi

Die Welt im Narrenspiegel

Pro Universitate Verlag im BWV

Bibliografische Information der Deutschen Nationalbibliothek

Die Deutsche Nationalbibliothek verzeichnet diese Publikation in der Deutschen Nationalbibliografie; detaillierte bibliografische Daten sind im Internet über http://dnb.d-nb.de abrufbar.

ISBN 978-3-8305-3176-0

© 2013 PUV · Pro Universitate Verlag im Berliner
Wissenschafts-Verlag GmbH
Markgrafenstr. 12–14, 10969 Berlin
E-Mail: bwv@bwv-verlag.de, Internet: http://www.bwv-verlag.de
Printed in Germany. Alle Rechte, auch die des Nachdrucks von Auszügen, der photomechanischen Wiedergabe und der Übersetzung, vorbehalten.

Inhalt

Prolog 11

I. Allgemeines

Der Schlüssel zum Paradies	13
Kinder des Weltalls	14
Unsterblichkeit	15
Herr des Schicksals	16
Größenwahn	17
Dämonie der Macht	18
Zur Werte-Debatte	19
Deutschlands Mission	20
Spendengala	22
Singles	24
Der Weg zum Glück	26
Lebenslust ist eine Kunst	27
Aus fremden Taschen	28
Ach könnt ich doch Gedanken lesen	30
Fortunas Günstling	31
Das große Los	32
Karriere-Tipps	33
Lob der Spekulation	35
Spielerlied	37
Lob der Schönheit	38
Lob der Nacktheit	39

Lob des Neides	41
Lob der Raucher	42
Lob der Krise	43
Wort als Waffe	45
Der Sündenbock	46
Die bösen Deutschen	47
Mein Hobby ist die Lobby	49
Menschenopfer für die Lobby	52
Recht ohne Biss	54
Der Freiburger Münsterturm	55

II. Politik

Prioritäten	57
Der Präsident	58
Spendenaffäre	59
Drei kleine Negerlein	60
Schröders Reflexionen	61
Der große Zampano	63
Nachbessern	65
Die Farbe grün	66
Des Kanzlers Spiele	67
Píechs Geist	68
Politbarometer	69
Schröders Tanz	70
Gitterrütteln	71
Oskar	72
Klimmt	75
Der Bürgerschreck	78

Gysi	80
Mutter Courage	82
Mompi	83
Die Hauptstadt	84
Wowereit	86
Die Kanzlerin	88
Röttgens Entlassung	91
Der Kommissar	92
Der Kandidat	93
Lob des Parteibuchs	95
Selbsthilfe	96
Pinochets Klage	97
Zahlmeister Deutschland	98
Griechenlands Rettung	99

III. Wirtschaft

Der Tanz ums goldne Kalb	101
Schlaraffenland	102
Der Sparmuffel	103
Lob der Verschwendung	104
Bankenkrise	105
Ackermann	106
Der Bankspekulant	108
Versicherer-Klage	109
Schuldenflut	111
Quälgeister Ratingagenturen	112
Heulsusen	113
Die Steuer	115

IV. Gesellschaft

Hast Du nichts, so bist Du nichts	117
Des Kaisers neue Kleider	119
Gegen den Strom	120
Der Feminist	121
Wenn Frauen fremde Schafe weiden	123
Wenn Frauen süchtig werden	125
Alte Männer – junge Frauen	126
Kinderkrippen sind oft Klippen	127
Der Weltmann	128
Der Playboy	129
Der Großwildjäger	130
Der Hochstapler	131
Der Postzugräuber	133
Die Diva	134
Die Putzfrau	135
Zu meiner Zeit	136
Nach uns die Sintflut	137
Das Atom	138

V. Sport

König Fußball	139
FC Bayern I	141
FC Bayern II	143
Mario	145
Lothar	147
Die Helden von Bern	148
Katzenjammer	149

VI. Tröstliches

Trostlied	151
Weltverbesserung	152
Ratschlag	153
Der Vater	154
Die Königin	155
Hochzeitsrede	156
Uns Uwe und sine Fru	157
Bürger, auf die Barrikaden	159
Tyrannensturz	160
Apokalypse	161

Abgesang 163

Prolog

Die Welt ist rund,
die Welt ist bunt,
wem sollt' sie nicht gefallen,
doch oft auch schlecht
und ohne Recht
und voller Raubtierkrallen

Doch leben wir
nun einmal hier,
lasst guten Tag uns machen,
des Narren Lied
nun mit Euch zieht,
vergesst nur nicht zu lachen

I. Allgemeines

Der Schlüssel zum Paradies

Ach ja, die Welt ist herzlich schlecht
und noch dazu höchst ungerecht –
die besten Köpfe aller Zeiten
sie haben drüber nachgedacht,
wie dem ein End man könnt' bereiten,
und wurden doch nur ausgelacht

Ich aber habe nun entdeckt
den Schlüssel, das Problem zu lösen,
zu bannen Ungerechtigkeit
und auch zu trotzen allem Bösen

Der Schlüssel heißt das „Recht auf Glück",
er führt ins Paradies zurück:
wer glücklich ist, der ist nicht schlecht
und handelt auch nicht ungerecht

Drum heißt es nun für Groß und Klein
Auf, nutzet Euer Recht auf Glück –
Ihr müsset alle glücklich sein,
dann kehrt das Paradies zurück

Doch wer sein Recht auf Glück nicht nutzt,
den muss man wohl mit Zwang beglücken,
es geht nicht an, dass er sich sperrt,
die Welt ins Paradies zu rücken

Kinder des Weltalls

Gestirnter Himmel, ewiges Staunen,
Weitung der Seele, Verschwinden der Launen,
tiefstes Ruhen, wahres Glück,
als schauten wir in die Heimat zurück.

Nicht ohne Grund, denn heut wir wissen,
dass Kinder wir des Weltalls sind[1],
dass wir aus Sternenstaub bestehen,
obwohl wir meistens dafür blind

Zumal wir immer mehr verlernen,
empor zu schauen zu den Sternen,
die vor der Städte Licht verblassen,
drum ohne Seelenkraft uns lassen

Die „Lichtverschmutzung" nimmt so zu,
dass Astronomen nah und ferne
nun gegen sie zu Felde ziehn
und fordern „Schutzgebiet für Sterne"[2].

Und das zu Recht – ein großes Wort
von Kant, es gelte weiter fort:
„Zwei Dinge erfüllen das Gemüt mit
immer neuer und zunehmender Bewunderung
und Ehrfurcht, je öfter und anhaltender
sich das Nachdenken damit beschäftigt:
Der bestirnte Himmel über mir und das
moralische Gesetz in mir."

---

1   Siehe *Hoimar v. Ditfurth*, Kinder des Weltalls, Der Roman unserer Existenz (1970).
2   Siehe *Lossan*, Die Nacht ist nicht mehr finster (Damit wir noch Sterne sehen, soll in der Eifel ein „Lichtschutzgebiet" entstehen), Die Welt 10.7.2012, S. 1.

Unsterblichkeit

Unsterblichkeit, ein seltsam Wort,
soll ich denn leben fort und fort,
obwohl sonst alles geht zu Ende?
Auch hat mich keiner je gefragt,
ob solch ein Leben mir behagt
und ob nicht lieber ich verschwände

Die meisten Menschen unsrer Zeit
wünschen sich Unsterblichkeit,
da aber viele glauben nicht,
sind oft sie auf Ersatz erpicht:
„wir leben fort in unsern Kindern,
wir leben fort in unserm Werk,
wir leben fort in Monumenten,
Mausoleen, Grabesberg".

Manch einer lässt sich konservieren
hoffend auf ein neues Leben,
das ihm Ärzte könnten geben,
wenn sie den Fortschritt kultivieren

Da wir bisher nicht wissen,
ob wir unsterblich sind,
gedulden wir uns müssen
– einstweilen sind wir blind

Herr des Schicksals

Wie töricht, wenn der Mensch vergisst,
dass er nicht Herr des Schicksals ist

Er kann zwar zu den Sternen fliegen
und schaffen manches Wunderwerk,
doch misst man an des Schicksals Kräften
er ist kein Riese, ist nur Zwerg

Größenwahn

Wo immer zieht man seine Bahn,
man stößt schon bald auf Größenwahn –
Der Turm von Babel war ein Zeichen,
das Wolkenkratzer leicht erreichen,
im Wettlauf immer höher, höher,
der Katastrophe immer näher –
so die New Yorker Zwillingstürme
bestanden keine Feuerstürme,
es färbte sich der Himmel rot,
die Menschen sprangen in den Tod

Entsprechend wachsen auch die Schiffe
sind nur noch schwer zu manövrieren,
gefährlich werden viele Riffe,
die vorher konnte man passieren

Der Airbus mit 400 Sitzen,
wird er trotzen allen Blitzen?
Schon gibt es Risse an den Flügeln,
sind die auf Dauer auszubügeln?

Am schlimmsten ist der Größenwahn,
wenn er sich richtet auf die Macht –
dann ist er auf Eroberung
trotz böser Folgen nur bedacht

Wieviel Unrecht, wieviel Leiden
sind dadurch in der Welt entstanden,
drum fluche ich dem Größenwahn –
mög er auf immer gehn zuschanden

Dämonie der Macht

Macht als solche ist nicht schlecht,
sorgt sie für Demokratie und Recht,
doch Macht hat eine Dämonie,
die leicht verführt: Jetzt oder nie!

Gibt es Regenten, die bedacht
niemals missbrauchen ihre Macht?
Ich sage nein, denn selbst Regenten,
die man als „groß" bezeichnet hat,
bald waren von der Macht besessen
und haben alles sonst vergessen

Gottlob gibt es als Gegenbild
auch wahrhaft große Lichtgestalten
(wie Franziskus von Assisi, die heilige Elisabeth,
Albert Schweitzer und Mutter Teresa),
die zeigen uns den Weg, der gilt,
und leiten uns durch ihr Verhalten:
statt Gier Verzicht, statt Anspruch Opfer,
statt machtversessen selbstvergessen

Zur Werte-Debatte

Wer immer nachdenkt über Werte,
der stößt schon bald auf eine Fährte,
die „Werte-Trias" der Parteien,
mit der sie ständig neu schalmeien:
Freiheit, Gerechtigkeit, Solidarität
ganz oben in Programmen steht

Indessen bleibet noch zu sehn,
wie Werte zueinander stehn:
Die Freiheit ist nicht absolut,
auch Solidarität hat Grenzen –
die beiden Werte treffen sich
und müssen häufig sich ergänzen

Alleine der Gerechtigkeit
gebühret Geltung weit und breit,
sie also ist der höchste Wert,
an dem wir alles müssen messen,
Gerechtigkeit ist Schild und Schwert,
das dürfen niemals wir vergessen.

Deutschlands Mission

Deutschland, hieß es, sei das Land
der Dichter und der Denker –
wie schockte da das Höllenbild
von Hitler und dem Henker.

Verspielt der Ruf, verspielt die Ehr,
und das in wenig Jahren,
den Deutschen traute keiner mehr,
wir mussten es erfahren

So fragte Maggie Psychologen,
wie zu bewerten deutsche Gene,
und wenn die Frage auch grotesk,
beherrschte sie doch manche Szene

So muss sich Deutschland denn bemühn,
das negative Bild zu wandeln,
für echte Werte einzustehn
und konsequent danach zu handeln

Im Kampfe für Gerechtigkeit,
im Kampfe gegen Not und Leid
zu Opfern findet Euch bereit

Dies ist zugleich auch Dankesschuld,
weil fremde Hilfe uns gerettet,
wie viele Menschen wurden frei,
die Hitler hatte angekettet
Dann gab der Marshallplan uns Brot
half überwinden unsre Not

So lasst uns denn für jene fechten,
die darben an den Menschenrechten,
die von Tyrannen unterdrückt
und die in Not und Elend leben –
auch wenn nicht jede Hilfe glückt,
lasst uns doch immer danach streben

Spendengala

Wohltätigkeit kann Nöte lindern,
das macht sich gut, speziell bei Kindern,
so haben „Bild" und Axel Springer
ihr „Herz für Kinder" früh entdeckt
und eine tolle Jahresgala,
um Geld zu sammeln, ausgeheckt

Es strömt herbei die Promimeute
und kläfft nach möglichst großer Beute
Wer sich hervortut, wird prämiert,
ihm wird ein „Goldnes Herz" serviert,
und da sich keiner wagt zu schonen,
die Gelder fließen zu Millionen[1]

Das ist nicht schlecht und doch zu klein,
ein Tropfen auf den heißen Stein,
zumal die arme Dritte Welt
nur einen Teil vom Geld erhält

Wenn man bedenkt, dass in Auktionen
ein Schmuck, ein Bild erbringt Millionen,
dann fragt man sich, why Galagäste
nicht tiefer in die Tasche greifen
das wär fürs Image auch das Beste

Und warum haben „Bild" und Springer
nicht für globalen Plan plädiert,
der übergreifend mit Milliarden
das Massenelend attackiert

---

1   Die Jahresgala 2011 erbrachte fast 14 Millionen Euro.

Zwar gibt es die Entwicklungshilfe,
doch reicht auch diese längst nicht aus,
wir brauchen einen Marshallplan,
wie einst er schützte unser Haus

Wenn einer sagt, es fehlt das Geld,
dann ist er wirklich nicht gescheit –
wie viele Gelder gab die Welt
für alle Krisen dieser Zeit!

Zudem wir dürfen nicht vergessen,
wie viel der „weiße Mann" geraubt,
ein Ausgleich ist jetzt angemessen,
auch wenn nicht jeder daran glaubt

Das Massenelend zu beenden,
wir müssen endlich uns beeilen,
sonst wird es bald zur Weltgefahr –
Vorbeugen besser ist als Heilen!

Singles

Der Mensch sei ein soziales Wesen,
hat Aristoteles gesagt –
doch das, woran man einst genesen,
modernen Bürgern nicht behagt

Sie lieben „Freiheit" über alles
und leben oft allein,
„Soziales" suchen sie zu meiden,
sie wollen „Singles" sein

Zum Trauschein sind sie nicht bereit,
die Partnerschaft gilt nur auf Zeit,
und Kinder höchstens akzeptiert,
wenn ein Verkehrsunfall passiert,
denn Kinder kosten Zeit und Geld,
die lieber man für sich behält –
so ist man frei, kann köstlich speisen
und kann sich gönnen alle Reisen,
ist auch zu Hause ungestört,
da keinen Kinderlärm man hört

Kein Wunder, dass es Menschen gibt,
die Singles fürchterlich beneiden,
ihr missgelaunter Vorwurf lautet,
die Singles seien unbescheiden,
sie scheuten echte Partnerschaft,
so fehle auch zu Kindern Kraft,
doch wenn die Kinder blieben aus,
gefährdet sei bald unser Haus.
Dass Singles auch noch besser stünden,
das sei nun wirklich ungeheuer
und müsse ausgeglichen werden
durch eine Kinderlosensteuer

Auch wenn das mancher Single spürt,
die meisten bleiben ungerührt:
„Das Grundrecht auf Persönlichkeit
schlägt alle Kritiker beiseit;
und so bestimmen wir allein,
wir können, wollen Singles sein".

Der Weg zum Glück

Der Mensch ist nicht zum Glück geboren,
hat Sigmund Freud einmal gesagt,
doch seine Meinung blieb vereinzelt,
weil sie den Menschen nicht behagt.

Psychologen kommen heute
mit dem wahren Kennerblick,
weisen jeder bunten Meute
sichern Weg zum wahren Glück

Mancher hier sich engagieret
und erforschet früh und spät,
welche Punkte von Bedeutung
für die Lebensqualität

Doch das Glück ist schwer zu fassen,
gutes Vorbild Seltenheit,
uns so kommt man zu der Einsicht,
dass der Weg zum Glück ist weit

Deshalb selbst Juristen zögern
mit dem Menschenrecht auf Glück,
denn Unmögliches versprechen
wirkt als Bumerang zurück

Lebensglück lässt sich nicht zwingen,
lässt sich auch erspielen nicht,
man muss kämpfen, man muss ringen
und erfüllen seine Pflicht

Ohne manche saure Woche
gibt es nie ein frohes Fest,
und so soll ein jeder schuften,
jeder leisten at his best.

Lebenslust ist eine Kunst

Lebenslust ist eine Kunst,
die nicht leicht ist zu erlernen,
denn man muss durch Staub und Dunst,
bis man gelanget zu den Sternen

Zunächst muss Einsicht man gewinnen,
was eigentlich denn „Leben" ist,
das hat schon Goethe einst betont[1],
doch brauchen weiter wir noch Frist

Ein Weiser hat uns dann gesagt,
dass ihn nur ein Gedanke plage:
Zu sterben, eh er hab' gelebt –
das sei doch eine große Frage

Indes, was er mit „leben" meint,
hat er uns leider nicht verraten,
und dieses Manko gilt auch sonst,
verdirbt uns selbst den besten Braten

Mit „Spaßgesellschaft" kommt ein Wort,
das uns endlich kann belehren:
Alles nur in Spaß verkehren,
üben muss man's fort und fort

Zum Vorbild nehmet Euch den Clown –
der ist vergnüglich anzuschaun
und kann so schöne Späße machen,
dass alle rings er bringt zum Lachen

---

[1] „Greift nur hinein ins volle Menschenleben, ein jeder lebts, nicht vielen ists bekannt..." (Goethe, Faust).

Aus fremden Taschen

Aus fremden Taschen lebt sich's leicht,
wer diese Kunst versteht,
der hat so Manches schon erreicht,
braucht nicht zu rackern früh und spät

Drum sollten schon die Kinder lernen,
überall zu naschen,
die hohe Schule aber ist
das Leeren fremder Taschen

Man lege sich aufs Faulbett hin,
wenn andere rings schuften,
zur Mahlzeit ist man pünktlich da,
um schnell dann zu verduften

Harz IV kassieren ist nicht schwer,
und Schnorren füllt den Beutel –
wenn einer mich Schmarotzer nennt,
ist dumm er bis zum Scheitel

Doch gibt es manche Strategien,
die noch weit besser lohnen,
ein Schlüsselwort mit Zauberkraft,
das lautet „Subventionen"

Der Staat, so scheint es, ist Dein Freund,
er gibt mit vollen Händen –
für alles, was Du Dir nur wünschst,
will er Dir Knete spenden

Ob Kaufen, Bauen, Heizen, Dunst,
ob Ackern, Banken, Autos, Kunst,
der Staat, er lässt es sich nicht nehmen,
die Interessenten zu beschämen

Dass alles dies auf Pump nur geht,
das ist dem Staat egal –
Die Zukunft in der Ferne steht,
entscheidet keine Wahl

Drum wird der Staat sich niemals weigern,
die Subventionen noch zu steigern
Es wird heut jeder unterstützt,
der nicht mehr schadet als er nützt

Der Nachweis dafür ist erbracht,
wenn weniger er weint als lacht –
so alle nun das Lachen üben
das Weinen aber wird vertrieben

Wird dadurch nicht die Welt verwässert?
Im Gegenteil, sie wird verbessert

Ach könnt ich doch Gedanken lesen

Ach könnt ich doch Gedanken lesen,
entsiegelt wäre mir die Welt,
durchschauen könnt ich alle Wesen
und könnte tun, was mir gefällt

Bei Frauen könnt ich gleich erkennen,
ob sie zum Liebesspiel bereit,
so könnt ich offen gleich entbrennen,
und müsst verständeln keine Zeit

Wie wäre leicht es, Geld zu sacken,
es flösse ja von selbst herbei,
ich brauchte mich nicht mehr zu placken,
und wäre für das Schöne frei

Mein wären dann auch Macht und Ehre,
es wär das reine Kinderspiel,
denn niemand käm' mir in die Quere,
wüsst ich doch alles oder viel

Ach könnt ich doch Gedanken lesen,
entsiegelt wäre mir die Welt,
durchschauen könnt ich alle Wesen
und könnte tun, was mir gefällt

Fortunas Günstling

Fortunas Günstling bin ich
und sonne mich im Licht,
an Reichtum, Macht und Frauen
da mangelt es mir nicht

Dass Geld und Macht sich mehren,
das ist doch keine Schand,
auch nicht, dass viele Frauen
mich finden höchst charmant

Ich will ja schließlich leben
und leben mit Gewinn,
nehm lieber als zu geben,
das hat doch einen Sinn

Was kümmert mich das Elend,
ich bin daran nicht schuld,
ich kann es auch nicht ändern,
so habet doch Geduld

Die Tage sich vergällen,
das wäre nicht gescheit,
lasst sie uns froh genießen,
zu jedem Fest bereit

Was uns die Pfaffen sagen,
von Sünde und Gericht,
das lässt mich nicht verzagen,
das kann mich schrecken nicht

Als Günstling der Fortuna,
da fürchte ich kein Leid,
und käme auch der Teufel,
ich fühle mich gefeit

Das große Los

Ich jage nach dem großen Los,
das fällt mir sicher in den Schoß,
denn einer muss es ja gewinnen,
und ich kann ständig neu beginnen

Zudem hat Gottschalk mir versprochen,
dass mein Gewinn ist nicht mehr weit,
er hat noch nie sein Wort gebrochen,
ich brauche nur noch etwas Zeit

Und wenn ich erst gewonnen habe,
dann lehn ich lässig mich zurück,
es winkt mir nun ein Herrenleben,
es winkt mir nun der Weg zum Glück

Karriere-Tipps

Was Du einmal werden kannst,
willst Du von mir wissen?
Rat ist teuer, lieber Sohn,
vieles ist beschissen

Arbeitslose sonder Zahl
drehen ihre Runden,
doch gekappt sind nicht einmal
all die Überstunden

Alle Firmen suchen sich,
weiter zu verschlanken,
immer weiter steigt die Flut,
viel beginnt zu wanken

Aber es gibt sich'ren Hort,
ihn will ich Dir zeigen,
leiten Dich zum rechten Port,
doch gelobe Schweigen

Höre nun mein Zauberwort,
es heißt „Funktionäre",
sie sind Hort und sie sind Port,
ihnen darum Ehre

Unfehlbar sie alle sind,
darfst sie ja nicht reizen,
stell Dich lieber taub und blind,
wenn sie auch sich spreizen

Komme nur, mein lieber Sohn,
niemand in die Quere,
und es winket Dir als Lohn
sichere Karriere

Erst als kleiner Assistent
musst Du reichlich schwitzen,
während all die hohen Herrn
vieles nur versitzen

Doch schon bald steigt auf Dein Stern,
weil es alle schätzen,
wenn Du eifrig bist bemüht,
nach dem Mund zu schwätzen

Das ist nicht charakterlos,
nur die Ochsenleiter –
Konkurrenten? Tritt und Stoß,
und Du kletterst weiter

Wenn Du dann ganz oben bist,
liegt die Welt zu Füßen,
Macht und Geld und alles sonst
kannst Du frei genießen

Auf, es winkt ein hohes Ziel,
jetzt schon gilt Dir Ehre,
wenn Du ihn beschreiten willst,
den Weg der Funktionäre

Lob der Spekulation

Das höchste Lob, der größte Ruhm
gebührt dem Spekulantentum,
denn statt in Tagesfron zu schwitzen
lässt man hier Geisteskräfte blitzen,
statt kümmerlich um Tagessold
man ringt um königliches Gold

Das Glücksspiel zwar lohnt nicht die Müh,
Gewinn winkt selten oder nie,
weit besser ist das Börsenspiel,
denn da kannst Du gewinnen viel.
Die Banken Dir ein Vorbild sind,
wie Geld man macht – sei nur nicht blind,
studiere Daten Tag und Nacht,
sei stets auf Schnelligkeit bedacht,
bemüh' Dich um Insiderwissen
und gebe stets Dich ganz gerissen.
Auch musst global Du heute sehn,
die fernsten Länder noch verstehn,
denn selbst in China unverdrossen
mit Aktien spielen die Genossen

Noch besser ist das Spekulieren,
willst Du in Immos investieren,
sie haben solchen Wertzuwachs,
dass sich geschlagen gibt der Dax.
Der Wertzuwachs bleibt steuerfrei
wenn Du zehn Jahre bleibst dabei,
und noch dazu in all den Jahren
kannst laufend kräftig Steuern sparen –
„Abschreibung" heißt das Zauberwort,
das bringt Dir Geld in einem fort

Und schließlich schenke Deine Gunst
beim Spekulieren auch der Kunst.
Lernst Du hier das Rechte wählen,
kannst Dein Ziel Du nicht verfehlen,
Wertzuwachs ist programmiert,
weil alles nach demselben giert
und schwarzes Geld als Treibsatz wirkt,
so der Erfolg ist Dir verbürgt

Das höchste Lob, der größte Ruhm
gebührt dem Spekulantentum

Spielerlied

Von Beruf ein Spieler sein,
ist so eine Sache,
vielen gilt's als unseriös,
doch darob ich lache

Ich verdiene hart mein Geld,
muss mich redlich plagen,
und doch Spielen mir gefällt,
muss es ehrlich sagen

Hast die Regeln Du kapiert,
kann Dir nichts passieren,
und wenn andre echauffiert,
gehst Du ruhig spazieren

Denn als Spieler bin ich frei,
gänzlich ungebunden,
Herr auch meiner Arbeitszeit,
keine Überstunden

Und schon bald ich werde reich,
sprenge viele Banken,
und dem Reichtum hab ich dann,
alles sonst zu danken

Spiel ist so der Weg zum Glück,
sag Dir's im Vertrauen,
Weg zum Geld und Weg zur Macht,
Weg auch zu den Frauen

Lob der Schönheit

Schönheit ist ein hohes Gut,
davon kann man profitieren,
man wird hofiert, fasst Lebensmut
und kann allseits imponieren

Ob im Beruf, am Heiratsmarkt,
die Schönheit ist stets ein Magnet,
ein Schönheitsmangel wird verargt,
weil alles sich um Schönheit dreht

Man feiert sie in Wettbewerben
für Männer und für Frauen,
wo die Bewerber oft halb nackt
man kann bewundernd schauen

Vom Beauty Contest der Provinz
geht aufwärts nun der Reigen,
die Stadt, das Land, der Kontinent,
die Welt will Flagge zeigen

Und wer als Schönste(r) wird gekürt,
dem winken tolle Preise,
ein Auto, Gelder, Kameras
und auch so manche Reise

Den Sieger vor dem höchsten Thron,
den „Mister Universum",
erwartet dann ein Superlohn,
der sprachlos macht und stumm:
Unsterblichkeit für alle Zeit

Kein Wunder, dass dies Anreiz ist,
die Schönheit zu erzwingen
und mit der Hilfe des Skalpells
sich Schönheit zu erringen

Lob der Nacktheit

Wer sieht nicht gerne schöne Frauen,
vor allem, wenn sie nackt,
denn so entspricht es der Natur
entgegen allem „Takt"

Das sehen auch die Künstler so,
wie macht ein Frauenakt sie froh
und manche nackte Themen
(so Eva, die im Paradies
frei ihre Reize spielen ließ),
da muss man sich nicht schämen

Zudem schon Aphrodites Brust
erregte bei den Griechen Lust,
manch einer kam um den Verstand,
weil er sie so berückend fand

Schließlich Goethe hat bekannt
– und ihm kann man wirklich trauen –,
dass das Naturell der Frauen
ist so nah der Kunst verwandt

Und Picasso hingerissen
von den Reizen der Geliebten
wollte keine Hüllen leiden,
um an ihr sich satt zu weiden

Wenn die Frauen man verhüllt,
bleibt die Sehnsucht ungestillt,
und das fördert andere Sachen,
wo die Männer Augen machen

So die Nacktheit wird zum Kult,
nicht allein an freien Stränden,
sondern auch in eignen Wänden,
überall die Hüllen fallen
zum Ergötzen von fast allen –
so der Nacktheit unsre Huld

Lob des Neides

Es heißt, dass Neid und Eifersucht
sind allergrößte Sünden
und dass man stets sie meiden soll,
doch kann ich das nicht finden

Denn beide – Neid und Eifersucht –
gewaltig animieren,
sie reißen aus der Lethargie,
das muss man honorieren

Hat uns doch Goethe schon gesagt,
dass Ruhe oft den Menschen plagt –
Ihr könnt ja Goethe selbst befragen,
im „Faust" lässt er den Herren sagen:
„Des Menschen Tätigkeit kann allzu leicht erschlaffen,
Er liebt sich bald die unbedingte Ruh;
Drum geb ich gern ihm den Gesellen zu,
Der reizt und wirkt und muss als Teufel schaffen."

Den Teufel können wir entbehren,
wenn wir durch andres ihn ersetzen,
so lasst uns Neid und Eifersucht ehren
und nach Verdienst die beiden schätzen

Lob der Raucher

Die Raucher noble Menschen sind,
sie opfern viel der Welt,
die reine Luft, den weißen Zahn,
Gesundheit, Gut und Geld

Sie schaffen emsig Arbeitsplätze
und geben vielen Brot,
ernähren selbst den Schmuggler noch
scheu'n nicht den frühen Tod

Entlasten so die Rentenkassen,
verhüten Volkes Pleite,
und machen Tabakmultis reich,
die vielen stehn zur Seite

Die zahlen nicht nur Tabaksteuer,
sie spenden auch Parteien,
und Autorennen, Werbung, Kunst
dank ihrer Gunst gedeihen

So lasset uns die Raucher preisen,
die heut' so oft verkannt,
Kritik am Tabak sei verboten,
weil schädlich für das Land

Und wer die Tabakmultis schilt,
der soll es teuer büßen,
er sei gefedert und geteert,
vom Kopf bis zu den Füßen

Lob der Krise

Jede Krise scheint fatal
und bereitet große Qual,
so wird vieles unternommen,
um der Krise beizukommen

Ist die Krise überwunden,
feiert man so manche Stunden,
dann geht es wie früher weiter,
meistens wird man nicht gescheiter

Doch man muss aus Krisen lernen,
denn sie sind ein Warnsignal,
oft geschickt aus weiten Fernen
und bedeuten ein Fanal

So bringt Erkrankung oft die Wende
zu einem neuen Lebensstil,
der Alkohol und Tabak meidet
und nimmt Gesundheit sich zum Ziel

Die Insolvenz, kommt sie beizeiten,
kann einen neuen Weg bereiten
für Wirtschaftsplanung, Sparsamkeit,
ein neuer Start ist dann nicht weit

Verheerend ist der Staatsbankrott,
der mehr und mehr die Welt bedroht,
weil der Regenten Gier nach Macht
missachtet jegliches Gebot

Wer auf Wähler ist versessen,
wird die Sparsamkeit vergessen –
„Brot und Spiele" die Devise,
bis es kommt zur Schuldenkrise

Und die Krise wird so teuer,
dass nun auch der Letzte weiß,
voll herum muss jetzt das Steuer,
jedes Ding hat seinen Preis

Wort als Waffe

Seriös zu diskutieren,
das ist fad und ohne Sinn,
doch verbale Waffen führen,
das macht Spaß und bringt Gewinn

Statt den Gegner respektieren,
der auf Argumente setzt,
müsst verbal Ihr attackieren,
bis er tödlich ist verletzt

Unterstellt ihm drum Komplexe,
Minderwertigkeit und Neid,
Arroganz, soziale Kälte
und was sonst Ihr habt bereit

Nennt ihn einen Rattenfänger,
nur auf Macht und Gold erpicht,
schürt Verdacht auf krumme Touren,
reißt ihm die Larve vom Gesicht

Wer immer warnet vor Gefahren,
der sei gerügt ob „Panikmache"
und als „Kassandra" ausgelacht,
denn Unheil ist nicht unsre Sache

Der Sündenbock

Kinder, habet nur Geduld,
mein Mann, der ist an allem schuld,
nun ist er diese Rolle leid,
zum Sündenbock nicht mehr bereit.

Doch kann ich ohne Bock nicht leben,
wem sollte ich die Schuld sonst geben?

Kinder, reicht mir einen Stock,
ich suche einen Sündenbock

Die bösen Deutschen

Die Deutschen haben böse Gene,
so wie die Väter auch die Söhne,
vergeblich suchst Du zu belehren,
vergeblich suchst Du zu bekehren,
es ist und bleibet Teufelsbrut,
in allem schlecht und nirgends gut

Der „Sun" sei Lob, der „Sun" sei Preis,
dass sie die Wahrheit aufgedeckt,
hier steht es endlich schwarz auf weiß –
wem wäre dieses Blatt suspekt?

Die „Sun" ist Retter der Kultur,
sie wird die Deutschen endlich richten,
sie bleibt dem Bösen auf der Spur,
sie wird die Teufelsbrut vernichten

Wie hätt sich Don Quichote gefreut
zu hauen und zu stechen,
und so der ganzen Menschheit Leid
am deutschen Volk zu rächen

Zum Kreuzzug alle sind vereint,
als plötzlich eine Wolke naht,
aus ihr der Medienzar erscheint,
ein Mann von höchstem Großformat

Halt, Freunde, halt – die Teufelsbrut,
die können wir nicht leicht entbehren,
denn ohne sie mein Medienreich,
es würde schwerlich sich vermehren

Auch könnten sich die Teufel wehren,
indem sie unsern Ruf versehren,
von manchem Ungemach berichten
und alles Mögliche erdichten.

Ob Iren, Schotten, Burenkrieg
Nichts wäre heilig – jeder Sieg
würde missdeutet als Gewalt,
obwohl er doch dem Rechte galt.
Drum mögt Ihr ihnen Saures geben,
doch lasst die armen Teufel leben

Der Medienzar hat immer Recht,
es folgt ihm stets die treue Schar,
gerettet ist die Teufelsbrut –
ist das nicht wirklich wunderbar?

Die bösen Deutschen

Die Deutschen haben böse Gene,
so wie die Väter auch die Söhne,
vergeblich suchst Du zu belehren,
vergeblich suchst Du zu bekehren,
es ist und bleibet Teufelsbrut,
in allem schlecht und nirgends gut

Der „Sun" sei Lob, der „Sun" sei Preis,
dass sie die Wahrheit aufgedeckt,
hier steht es endlich schwarz auf weiß –
wem wäre dieses Blatt suspekt?

Die „Sun" ist Retter der Kultur,
sie wird die Deutschen endlich richten,
sie bleibt dem Bösen auf der Spur,
sie wird die Teufelsbrut vernichten

Wie hätt sich Don Quichote gefreut
zu hauen und zu stechen,
und so der ganzen Menschheit Leid
am deutschen Volk zu rächen

Zum Kreuzzug alle sind vereint,
als plötzlich eine Wolke naht,
aus ihr der Medienzar erscheint,
ein Mann von höchstem Großformat

Halt, Freunde, halt – die Teufelsbrut,
die können wir nicht leicht entbehren,
denn ohne sie mein Medienreich,
es würde schwerlich sich vermehren

Auch könnten sich die Teufel wehren,
indem sie unsern Ruf versehren,
von manchem Ungemach berichten
und alles Mögliche erdichten.

Ob Iren, Schotten, Burenkrieg
Nichts wäre heilig – jeder Sieg
würde missdeutet als Gewalt,
obwohl er doch dem Rechte galt.
Drum mögt Ihr ihnen Saures geben,
doch lasst die armen Teufel leben

Der Medienzar hat immer Recht,
es folgt ihm stets die treue Schar,
gerettet ist die Teufelsbrut –
ist das nicht wirklich wunderbar?

Mein Hobby ist die Lobby

Wohl dem, der hat ein Hobby
und damit Lebenssinn,
mein Hobby ist die Lobby,
ach, wie ich glücklich bin.

Wer hat die Macht im Lande?
Die Lobby, sag ich Euch,
das ist doch keine Schande,
denn niemand kommt ihr gleich.

Die Lobby, die weiß alles,
und Wissen, das ist Macht,
im Falle eines Falles
ist alles schon bedacht.

Die Lobby, die hat Kassen
und einen Haufen Geld,
kann alle springen lassen,
denn Geld regiert die Welt.

Sie kann Experten kaufen,
Politiker dazu,
So alles bleibt beim alten,
Reform? Lass uns in Ruh!

Was geschähe mit dem Strom,
gäbe auf man das Atom,
das so billig produziert,
Klimaschonung garantiert
Tschernobyl? Ein fernes Land,
könnt in Deutschland nie passieren
Und Entsorgung? Sachverstand
wird sie bestens garantieren.

Tabak? Nur ein harmlos Kraut,
das das Leben süßet,
Schande, wenn man es mißgönnt
dem, der es genießet.

Passivrauchen? – Welch ein Tanz,
hat's doch stets gegeben,
wo bleibt Eure Toleranz,
lebet und lasst leben!

Tabakschäden? Wie grotesk
und wie ungeheuer,
bringt der Tabak Arbeit doch
und die Tabaksteuer!

Alkohol? Bekämpft den Frust,
gerade auch am Steuer,
steigert unsere Lebenslust,
ist uns deshalb teuer.

Suchtgefahren? Aber nein,
das ist Aberglauben,
Edler Tropfen Hochgenuss
lasset Euch nicht rauben.

Mag auch alles andre wanken,
zählet nur auf Eure Banken,
ragen auf mit stolzen Türmen,
wollen gar den Himmel stürmen,
leihen gern mit vollen Händen,
wenn es um Milliarden geht,
„peanuts" wollen sie nicht spenden
großes Rad sich besser dreht,
mögen keine Hungerleider
und auch keine kleinen Kunden,
besser hilft da Dr. Schneider,

deutschen Banken zu gesunden.
Bankgeheimnis? Das muss bleiben,
sonst entflieht das Kapital,
weil bekanntlich Zinsverluste
sind die allergrößte Qual.
Solche Qualen sanft zu lindern,
sollte niemand Banken hindern.

Tempolimit? Allerhand,
freie Bürger so zu kränken,
ebenso ist Unverstand,
Auspuffgase zu beschränken.
Was wird aus den Arbeitsplätzen,
muss man die nicht höher schätzen?
Deshalb weg mit allen Pflichten,
die die Produktion verteuern,
wenn wir nicht auf sie verzichten,
werden wir ins Unglück steuern.
Doch gottlob der Piech wacht,
der wird's richten – gute Nacht.

Menschenopfer für die Lobby

Menschenopfer sind verboten,
doch sie finden täglich statt –
wie ist's nur möglich, dass die Welt
dafür so wenig Augen hat

Ich denk nicht nur an Unrechtsstaaten,
die Menschenrechte stets verraten,
denn auch im „Rechtsstaat" Menschen sterben
als Opfer, rennen ins Verderben,
weil man sie nicht genügend schützt
und weil dies einer Lobby nützt[1]

Wo bleibt denn da das Recht auf Leben,
nach dem wir sonst so eifrig streben
bis hin zum Austausch von Organen,
für die man trommelt Tag und Nacht,
um alle Menschen zu versorgen, die
auf Organtausch sind bedacht

Die Lobby, die in andern Fällen
das Recht auf Leben ignoriert,
ist hier, wo man es kaum erwartet,
für dieses Recht höchst engagiert,
weil sie das viele Geld goutiert,
das der Organtausch garantiert –
selbst Herzen werden transplantiert,
obwohl der Aufwand explodiert

---

1   In Deutschland gibt es jährlich mehr als 100 000 Tabaktote,
    40 000 Alkoholtote und etwa 65 000 Feinstaubtote.

Wenn künftig das so weiter geht,
verschwindet alles, was wir haben,
im Schlund der Lobby, die stets kräht,
trotz vieler und trotz größter Gaben

Viel besser wär es hier und sonst,
mehr für die Prävention zu tun,
dabei wir sollten uns beeilen –
Vorbeugen besser ist als Heilen

Recht ohne Biss

Recht ohne Biss, das ist Beschiss,
nicht selten fehlt es an Sanktionen,
noch öfters fehlt es am Vollzug,
Verstöße deshalb häufig lohnen

Das muss sich ändern, ist fatal,
drum wenn Gewinne illegal,
es gilt sie völlig abzuschöpfen,
dass nicht mehr lohnt das Weiterschröpfen.

Schuldenflut und Schuldenkrise
wären sicher nicht entstanden,
hätt Sanktionen es gegeben,
die Überschuldung unterbanden

Defizite dieser Art
gilt es schleunigst abzubauen,
wenn man an falscher Stelle spart,
wird niemand mehr dem Recht vertrauen

Und fehlt Vertrauen in das Recht,
bekommt das der Gemeinschaft schlecht,
drum muss man schmieden alle Zeit
und streben nach Gerechtigkeit

Der Freiburger Münsterturm

Schönster Turm der Christenheit,
doch nagt an ihm der Zahn der Zeit,
und zudem ist er betroffen
von vielen schlimmen Luftschadstoffen

Die Bauhütte drum Tag und Nacht
auf Reparieren ist bedacht
und muss dann neben allen Qualen
am Ende für die Kosten zahlen

Wie soll die Schädiger man fassen,
die so auf Kosten andrer prassen?
Indem man einen Fonds errichtet,
den alle Luftverpester speisen
und der die Schäden voll vergütet,
nach Möglichkeit sie auch verhütet.

Doch kein Politiker hat Mut,
für diese Lösung zu plädieren,
ein jeder fürchtet um sein Gut,
und alle wollen reussieren

Zwar sind sowohl die Interministerielle Arbeitsgruppe „Umwelthaftungs- und Umweltstrafrecht" als auch der damalige Staatssekretär Kinkel (seit Dezember 1990 Bundesjustizminister und danach Bundesaußenminister) vor Jahren für eine Fondslösung eingetreten. Aber Kinkel hat zugleich klargestellt, dass es im Bundesjustizministerium bis dahin „kein fertiges Konzept" dafür gebe, „wie der kollektive Ausgleich der weiträumigen Distanz- und Summationsschäden organisiert werden soll". Das entscheidende Signal hierfür müsse von den Politikern kommen, die vor allem den finanziellen Rahmen für den Schadensausgleich abzustecken hätten.

Ein solches Signal der Politiker ist bisher jedoch ausgeblieben. Ein Gesetzentwurf der Grünen, der zur Regelung dieser Schäden einen (durch Abgaben der Verursacher finanzierten) Entschädigungsfonds vorsieht, ist erfolglos geblieben. Entsprechendes gilt für einen im Bundesrat eingebrachten Antrag der Hansestadt Hamburg, der in die gleiche Richtung zielte: Im April 1990 hat der Bundesrat diesen Antrag abgelehnt, nachdem sein Finanzausschuss darauf hingewiesen hatte, ein Fonds zur Entschädigung sämtlicher Umweltschäden werde jährlich 30 bis 40 Mrd. DM benötigen und sei deshalb nicht finanzierbar.

Da das BVerfG es versäumt hat, den Gesetzgeber in die Pflicht zu nehmen, bleibt es dabei, dass Schäden, die durch die allgemeine Umweltverschmutzung entstehen, entgegen dem allseits proklamierten Verursacherprinzip nicht von den Schädigern, sondern von den Opfern getragen werden. Dieser Zustand, der sowohl der Gerechtigkeit als auch dem Präventionsgedanken widerspricht, ist eines Rechtsstaates unwürdig.[1] Das gilt umso mehr, als nach Einschätzung der OECD ein ökologischer Kollaps droht, wenn Umweltbelastungen nicht durch finanzielle Sanktionen entgegengewirkt wird.[2]

---

1 Siehe im einzelnen den Beitrag „Keine Entschädigung für Wandsterben?", NJW 1998, 3254 f.
2 Siehe *Kaiser*, OECD warnt vor ökologischem Kollaps, Die Welt 16.3.2012, S. 9.

II. Politik

Prioritäten

Menschenrechte über alles,
doch im Falle eines Falles
wollen Panzer wir verkaufen...

Wer dies lauthals kritisiert,
hat noch immer nicht kapiert,
dass Waffen immer Frieden schaffen...

Und im Falle der Türkei
ist doch wirklich nichts dabei –
Kurden hin und Kurden her,
Arbeitsplätze wiegen mehr!

Der Präsident

Bin Präsident, doch ohne Macht
und deshalb von der Lobby frei,
Um mich herum tobt keine Schlacht,
um mich ertönt kein Feldgeschrei

Ich habe keine echten Pflichten
und hab' doch manches zu verrichten,
so muss ich ständig Reden halten,
die stets versöhnen, niemals spalten

Wenn ich im Allgemeinen bleibe,
so darf ich wohl Kritik auch üben,
ein jeder schneidet sich die Scheibe,
die ihm behagt, ganz nach Belieben

So wird ein jeder leicht verstehn,
Ein Ruck muss jetzt durch Deutschland gehen,
doch rücken sollen andre nur,
von wahrer Einsicht keine Spur

Schelt ich Parteien pflichtvergessen,
schelt ich Parteien machtversessen,
seh' ich im Beifall sie vereint,
weil jeder nur den andern meint

Und denk' ich an Gerechtigkeit,
so manches noch zum Himmel schreit,
indes ich hab' jetzt meine Ruh,
so ziehe ich den Vorhang zu

Spendenaffäre

Was soll denn alles dies Geschrei –
dass Geld ich nahm, war doch nicht schlecht,
ich diente damit der Partei,
und die Partei hat immer recht

Auch wäre ich kein Ehrenmann,
wollt ich mein Ehrenwort vergessen,
drum ficht mich die Kritik nicht an,
von der die Neider sind besessen

Die Nachwelt wird mir Kränze flechten
und nicht um Kleinigkeiten rechten,
mein Werk wird sie mir reichlich lohnen,
ich steh als Fels noch in Äonen

Drei kleine Negerlein

Drei kleine Negerlein,
die führten die Partei,
das eine wurde abgemurkst,
da waren's nur noch zwei

Zwei kleine Negerlein
bekämpften sich aufs Messer,
das eine zog es vor zu fliehn,
da ging's dem andern besser

Es hat nun die Alleinherrschaft
und übt sie aus mit aller Kraft
doch die Genossen lauern –
wie lange wird es dauern

Schröders Reflexionen

Von vielen werde ich beneidet,
weil ich der Bundeskanzler bin,
ein Amt, das mich gar trefflich kleidet,
ein Amt, das ganz nach meinem Sinn

Ich habe alle klar geschlagen,
die Strecke hinter mir ist lang,
nicht alle haben das vertragen,
drum machen sie dem Volke bang

„Es wächst die Wut", tönt Lafontaine,
der einstens aus Berlin entfloh,
der lohnt nun wirklich keine Träne,
dass ich ihn los bin, macht mich froh

Dem Scharping fehlen zwar die Worte,
doch ist wie Oskar er verdrossen,
so lümmeln beide nun herum
und agitieren bei Genossen

Auch andre wollen mir ans Leder,
verleumden mich auf Schritt und Tritt,
doch schließlich wird erfahren jeder,
bei Schröder beißt Du auf Granit

Als starker Mann ich weiß zu führen
das Ruder selbst in schwerer Zeit,
wenn Volksgunst schwankt, muss man parieren,
die nächste Wahl ist ja noch weit

Zum Teufel drum mit dem Gezeter,
das rings aus allen Medien schallt,
und mit dem Polit-Barometer,
das ständig vor den Latz man knallt

Der Endspurt letztlich zählt allein,
als erster musst im Ziel Du sein –
wie Du gewinnst, das ist egal,
ein jedes Mittel ist erlaubt,
das andern ihre Chancen raubt –
verlieren wäre eine Qual

Des Volkes Gunst weiß ich zu schätzen,
doch wichtiger ist die Partei,
auf diese kann ich immer setzen,
ich weiß, sie bleibt mir ewig treu

Und das zu Recht, denn ohne mich
ist es um alle rasch getan,
mein Adlerblick hat sich bewährt,
ich folge meines Sternes Bahn

Der große Zampano

Gerhard Schröder, der ist toll,
drum alle sind des Lobes voll,
der deutsche Kanzler ist ein Mann,
der immer alles besser kann

Erst schlug er Oskar aus dem Feld,
dann hat er Scharping kaltgestellt
und kungelte ganz unverdrossen
erst mit Genossen, dann mit Bossen

Verspricht uns allen jeder Zeit
Glück, Wohlstand und Gerechtigkeit:
„Ihr könnt mich später daran messen –
Versprechen werd' ich nicht vergessen"

Doch weh, es lahmt die Konjunktur,
es wächst die Arbeitslosigkeit,
und Schuldenflut steigt weit und breit –
von Wohlstandsmehrung keine Spur

„Globalisierung, die ist schuld,
schwer ist's, dagegen was zu machen,
doch habet Mut und habt Geduld,
ich weiß schon Rat, wär ja zum Lachen"

„Wir müssen global player werden,
dann kann uns niemand kujonieren,
drum rasch herbei mit der Türkei,
auch China werd ich attachieren"

„Unschlagbar sind wir dann, hurra,
beherrschen selbst Amerika,
ein UNO-Sitz für alle Zeit
besiegelt unsre Herrlichkeit"

„Zum Teufel drum mit den Versprechen –
Versprechen muss man manchmal brechen,
statt kleinkarierter Illusionen
wir brauchen große Dimensionen,
und immer wenn die Fluten steigen,
wir müssen souverän uns zeigen.
Was sollen wir das Saatgut schonen –
das Leben, Freunde, muss sich lohnen"

„Drum nörgelt doch nicht immerzu,
Kritik an mir, die ist tabu,
das achtet selbst die CDU,
auch die EU lässt mich in Ruh"

„Und es erkennen selbst die Toren,
dass ich zum Führer bin geboren –
seid dankbar, Freunde, und seid froh
ich bin der große Zampano."

Nachbessern

Nachbessern ist mein Lieblingswort,
ich bessre nach in einem fort,
denn immer sieht mein Adlerauge,
dass anderes noch besser tauge

Wenn mancher dies als Schwäche tadelt,
er hinterm Monde lebt,
denn es ist Stärke, die mich adelt
und mich beständig hebt

Ein jeder muss sein Handwerk lernen,
und das braucht Zeit,
doch nah schon bin ich bei den Sternen –
Ihr tut mir leid

Die Farbe grün

Die Farbe grün vergönnet Ruh
– mein Schatz hat's grün so gern –,
doch Grün, du böse Farbe Du,
Du bleibe jetzt mir fern

Denn Grüne liegen mir im Magen,
ich kann sie länger nicht ertragen,
die früh und spät mich Armen plagen,
Genuss mir rauben und Behagen

Der Joschka zwar, der ist charmant,
und drum beim Volke anerkannt,
wie oft indes bei seiner Crew
hat er die Finger sich verbrannt

Doch der Trittin, ein Elefant,
geht mit dem Kopf durch jede Wand,
zertrampelt alles Porzellan
und hat noch seine Freude dran

Ein End zu machen wäre Pracht,
doch fehlt einstweilen mir die Macht,
so gute Mien' zum bösen Spiel –
Geduld zu mimen ist schon viel

Des Kanzlers Spiele

Die Grünen kann ich nicht mehr leiden,
doch einstweilen sie nicht meiden,
weil perdu sonst meine Macht.
Einen freilich muss ich fliehn –
unerträglich ist Trittin;
der mich plaget Tag und Nacht.

Wahlversprechen zu vergessen,
findet er nicht angemessen,
und er predigt unverwandt
ohne rechten Sachverstand.
Ständig steht er unter Strom,
wenn die Rede vom Atom,
und verprellt nicht nur Genosse,
sondern – schlimmer noch – die Bosse.
Deshalb muss ich ihn jetzt ducken –
weh ihm, wagt er sich zu mucken.
Statt für Umweltschutz zu fechten,
soll er nun für Píech rechten,
denn der will sich nicht bequemen,
Altautos zurückzunehmen,
wie von Brüssel es beschlossen
und von allen schon begossen.

Und der Trittin, liebe Zeit,
findet dazu sich bereit,
tanzt gleich einem Nasenbär,
fällt es ihm auch noch so schwer,
trampelt Brüssels Normen tot,
wie der Kanzler es gebot,
bringt sich selber so in Not,
und die Bürger sehen rot

Píechs Geist

Könnt pfeifen laut, soviel Ihr wollt,
könnt werfen auch mit Eiern,
ich werde weichen keinen Schritt,
auch nicht dem Trupp aus Bayern

Als Bundeskanzler ich allein
muss ans Gemeinwohl denken;
muss meiden jeden bösen Schein
und kann Euch drum nichts schenken

(Zu Píechs Geist, der erschienen ist)
Sei unbesorgt, mein lieber Freund
Du warst natürlich nicht gemeint!
Die Bauern wählen CDU,
was ich auch immer mache –
Falsch investieren aber war
noch niemals meine Sache

Politbarometer

Der Joschka vorn, ich Nummer zwei,
dazu kann ich mich wohl bequemen,
denn Joschkas Eulenspiegelei,
die ist doch gar nicht ernst zu nehmen

Der Joschka eins, ich Nummer drei,
jetzt ist auch Scharping noch vorbei,
doch macht mir dieses wenig Pein,
bald wird er bei der Nato sein

Der Joschka vorn, ich Nummer vier,
der Stoiber ist jetzt Nummer drei,
ich bin ein guter Demokrat,
lass auch den Gysi noch vorbei

Doch weiß zugleich ich ganz genau,
ich werde alle überholen,
denn ich bin zäh und ich bin schlau
und spurte stets auf leisen Sohlen

Schröders Tanz

Schröder liebt gar sehr den Tanz,
weiß er Damen doch zu schätzen,
pflegt dabei die Eleganz,
geht auf Pirsch mit vielen Netzen

Läuft ihm gleichwohl etwas schief,
wird er äußerst kreativ,
man bestaunt den Schröder-Stil,
eigenwillig bis ins Ziel

Alles frönt nun Schröders Tanz,
zwei nach vorn und eins zurück,
das löst jede Seele ganz,
öffnet uns den Weg zum Glück

Gitterrütteln

Hier will ich rein, hier will ich rein,
es rasselt an den Gittern,
Das kann doch nur der Schröder sein
in nächtlichen Gewittern

Was will er denn ins Kanzleramt,
ist längst doch eingezogen –
er übt wohl für das nächste Mal,
wenn er hinausgeflogen

Oskar

1. Akt

Der Kanzler ist höchst undankbar –,
kaum hatte er die Wahl gewonnen
durch mich, den großen Superstar,
hat er auf Arges schon gesonnen

Finanzminister, ei potz Blitz,
das ist ein rechter Schleudersitz –
doch auch die Chance, sich zu rächen,
die Macht der Bösen zu zerbrechen

Man muss nur tüchtig Schulden türmen
und dieses als solid verkaufen,
dann schließlich aus dem Staub sich machen,
wenn sie in Schuldenflut ersaufen

Doch ach, der Eichel wird zum Retter,
der Schuldendämme eilends baut,
zum Schweigen bringt den Chor der Spötter,
als neuer Star mein Spiel versaut

Dass Schröder ihn nun schützt und lobt,
das könnt mich vollends rasend machen,
noch stärker mir im Busen tobt,
dass viele Bürger mich verlachen,
dass da, wo Bürgergunst man misst,
der Platz für mich geschwunden ist
und alle nur von andern sprechen –
das will mir schier das Herz zerbrechen

Ihr werdet sicher mich noch sehn
als Phoenix aus der Asche steigen,
dann endlich werdet Ihr verstehn,
dass mir gebührt die erste Geigen.

2. Akt

Nun warte mehr ich als ein Jahr,
doch habe ich kein Glück –
obwohl der Gerhard baden ging,
rief man mich nicht zurück

Und unterdes steigt Gerhards Stern,
er hat die Linken weggebissen,
jetzt hat ihn selbst die Wirtschaft gern,
um die er buhlt ohne Gewissen

Jetzt hilft nur noch ein Börsenkrach,
sonst habe ich mein Spiel verloren,
es stürzt der Dax! – steigt wieder, ach,
es gibt im Land zu viele Toren

3. Akt

Doch neue Hoffnung schwellt die Brust,
die junge Linke ist voll Frust:
„Links müsst Ihr steuern", hallt ihr Schrei –
kieloben Gerhard treibt zu Lande,
und freudig fahre ich vorbei

So wird ein jeder Schiffbruch leiden,
der Wahlversprechen treulos bricht
und der anstatt für kleine Leute
für reiche Wirtschaftsbosse ficht

Drum irren alle, die da meinen,
ich sei nun endlich mausetot,
schon bald ich werde neu erscheinen
als Euer Retter in der Not

4. Akt

Da ich habe Kraft und Witz,
es hält nicht lang mich auf dem Sitz,
und als die Linken heftig winken,
ich nehme den Partei-Vorsitz

Doch hielt ich da nicht lange aus,
zu fade war mir dort der Schmaus
und Anerkennung zu bescheiden,
ich konnte alles das nicht leiden.

Ja, Oskar ist ein Lebemann,
der sich alles leisten kann,
zuletzt mit Sahra Wagenknecht,
das fanden selbst Genossen schlecht

Doch Oskar pochte auf sein Recht,
war immer Herr und niemals Knecht
und machte es wie Bertold Brecht
Ja, ja – der Oskar ist ein Hecht

Klimmt

1. Akt

Ich folgte Okar als Vasall
und klimmte unverwandt,
doch jetzo droht ein tiefer Fall,
die Lage ist riskant

Mit Fußball, Currywurst und Skat
bewies ich früh Format,
dass gleichwohl ich im Meinungstief
das macht mich rabiat

Der Kanzler ist ganz ahnungslos,
hofiert die Neue Mitte
und stellt dabei die Linken bloß,
das ist doch keine Sitte

Der Kanzler dreht den Geldhahn zu,
das wird sein Amt ihn kosten,
denn alle schauen nun einmal,
aufs Geld und auf die Posten

So ruf ich laut „Verrat, Verrat
er opfert die Gerechtigkeit",
drum protestieret früh und spat
und schlagt den Revoluzzer breit

Dass Schuldenflut uns dann verschlingt,
das braucht mich nicht zu kümmern,
solang es weiter mir gelingt,
zu retten mich aus Trümmern

2. Akt

Kaum hatte ich die Wahl verloren,
da nahm mich Gerhard an den Ohren,
flugs sitz ich im Ministersessel –
doch wird mir dieser nicht zur Fessel

Mein Herz schlägt links, ich bleib ihm treu
und provoziere stets aufs neu,
ich bin und bleib ein freier Mann,
der stets die Wahrheit sagen kann

Und wahr ist alles, was mir nützt
und meine Zukunftspläne stützt,
ich hab' die Hoffnung nicht verloren
wer weiß, wofür ich auserkoren

3. Akt

Noch kaum im Amt – da Heckenschützen
versuchten schon, mich abzuschießen,
doch wird es ihnen wenig nützen,
sie werden diesen Frevel büßen

Dass jemand meine Gunst erkaufte,
ist barer Unsinn und Geschwätz,
ich bin fürwahr ein Unschuldslamm
und halte stets mich ans Gesetz –
und deshalb rat ich jedermann,
lasst mich in Ruh, rührt mich nicht an

4. Akt

Doch weh, es naht der letzte Akt:
Ich wollte helfen dem Verein,
dabei geriet ich aus dem Takt
und soll nun ein Betrüger sein

Ein Strafbefehl? Ist kein Problem,
den werd ich lächelnd akzeptieren,
kein Lärm, kein Streit – wie angenehm,
so kann ich weiter denn regieren

Doch ach, man lässt mir keine Ruh,
der Müntefering setzt mir zu,
ich solle kämpfen für mein Recht
– dazu jedoch ich tauge schlecht

So von den eigenen Genossen
ich wurde tückisch abgeschossen

Der Bürgerschreck

Du liebe Zeit, Minister Beck,
Sie sind ein rechter Bürgerschreck,
wie konnten Sie es denn nur wagen
uns so Unglaubliches zu fragen:
Ob nicht die beiden nächsten Jahre
der Arbeitslohn (den Renten gleich)
im Zuwachs sich beschränken sollte
nur auf den Inflationsausgleich

Zu Recht die unverschämte Frage
verstörte eigene Genossen,
Gewerkschaftsbosse schwer in Rage
wie einen Pudel Sie begossen

Der Kanzler selbst wies Sie in Schranken,
Es stand zu viel ihm auf dem Spiel,
das ganze Land schien rings zu wanken,
da half auch Clement's Ruf nicht viel

Es gibt Tabus in diesem Lande,
die jeder noch geachtet hat,
wer das nicht tut, gerät in Schande,
die Meute hetzt ihn, macht ihn platt

Die Rentner sind ja alle reich
hier passt ein Inflationsausgleich,
ganz anders ist's beim Arbeitslohn,
ihn zu beschränken wäre Hohn

Es würde Armut noch vermehrt,
es würden Anreize versehrt,
es würde Kaufkraft reduziert,
es würde T(arif) A(utonomie) ignoriert,
sozialer Frieden ausradiert,
kurzum, der status quo riskiert,
von dem Ihr – bestens etabliert –
doch mehr als andre profitiert

Drum, Meister Beck, gebt endlich Ruh
und respektieret das Tabu

Gysi

Als PDS-Star weltbekannt
erfreu ich Jung und Alt im Land,
zu Recht ich gelte als Filou,
ein X ich mache leicht zum U

Die DDR war gar nicht schlecht,
dort war gar viel, fast alles recht,
dort galt, wonach heut' jeder kräht:
die echte Solidarität

Und legt Euch nur nicht auf die Lauer,
verschont mich ja doch mit der Mauer,
sie ward gebraucht auf jeden Fall
als Bollwerk, als Antifa-Wall
verhindernd armer Menschen Flucht,
die Opfer sonst der Money-Sucht,
ein Bauwerk voller Majestät,
das heute in Museen steht

In PDS lebt echter Wert
– Gerechtigkeit und Menschlichkeit –,
da ist sie Schild, da ist sie Schwert,
zu jedem Opfer auch bereit

Hier kann man wahre Heimat finden,
weil jeder jeden gelten lässt,
Jungsozis oder Altgenossen,
für alle stets ein Freudenfest,
und selbst die Sahra Wagenknecht,
beraubt so oft verdienter Ehre,
als Hüterin der reinen Lehre
sie kommt allhier zu ihrem Recht

Die Zukunft hat sich stark verbessert,
seit Schröder hat so viel verwässert,
drum Schluss jetzt mit der Ostalgie,
den Westen gilt's, jetzt oder nie

So seh ich nun den Himmel offen,
ich kann noch glauben, kann noch hoffen,
blüh PDS, blüh und gedeih
zur wahren deutschen Volkspartei.

Doch will das Schicksal ich verstehn,
so muss ich noch viel weiter gehn:
ich seh vereinigt alle Linken,
die mir voll Freude heftig winken
und rufen „Gregor, sei parat,
Du bist der Kanzlerkandidat!"

Mutter Courage

Mutter Courage werd' ich genannt
und bin im ganzen Land bekannt,
es hat schon mancher sich verbrannt,
der gönnerhaft mir gab die Hand

Maschinengewehr werd ich genannt,
ich schieß mit Worten höchst rasant,
geh mit dem Kopf durch jede Wand
und wirke immer angespannt

Ich werde auch Jeanne d'Arc genannt,
weil mit der Fahne in der Hand
(verachtend allen eitlen Tand)
ich kämpfe für mein altes Land

Und eines sag ich kurz und gut,
ich nehm noch heute meinen Hut,
wenn alten Freunden weh man tut,
denn allen droht uns dann die Flut

Die Wessis sind mir eine Qual,
sie denken nur ans Kapital,
sie beuten stets die Ossis aus
und wollen Herren sein im Haus

Die Ossis sind ganz arme Schweine,
statt Brot man giebet ihnen Steine
und predigt Ihnen Dankbarkeit,
die alle schulden jederzeit

Da aber sag ich heftig nein –
die Wessis sollten dankbar sein!
Gerechtigkeit, Gerechtigkeit
für heute und für alle Zeit!

Mompi

Genossen hauen auf den Putz,
bei Mompi stapelt sich der Schmutz,
seit in der Talkshow er bekräftigt,
dass schwarz die Putzfrau er beschäftigt

Das darfst Du nicht, das darfst Du nicht,
als Mompi bist Du in der Pflicht,
und mögen es auch alle machen,
weil sonst die Putzfrau nicht mehr kommt,
und mögen sie Dich auch verlachen,
erfüll die Pflicht, weil dies Dir frommt

Die Hauptstadt

Berlin ist eine große Stadt,
die viele tolle Sachen hat

Die Mauer zwar, ein Weltsymbol,
sie fiel dahin mit Helmut Kohl
(Und viele sind noch heut' empört,
dass solch ein Denkmal ward zerstört,
zum Trost ich sage diesen Tröpfen,
die Mauer steht noch – in den Köpfen)

Dafür gibt's manche Straßenschlacht,
so mancher wird hier plattgemacht,
das gilt auch für die Love Parade
mit Lustbarkeiten früh und spät,
selbst Schwule fassen endlich Mut,
– sie „outen" sich: und das ist gut

Wenn Geld Du brauchst, so sei gescheit,
die Bankgesellschaft steht bereit,
Parteibuch gilt als Sicherheit,
da bist Du jederzeit gefeit

Berühmt ist der Berliner Filz,
der munter wuchert wie ein Pilz,
man nimmt, man gibt – man gibt, man nimmt,
für jedermann die Rechnung stimmt

Doch mögen auch die Schulden steigen,
die Hauptstadt muss stets Flagge zeigen,
hat drum ein Recht auf Subventionen,

Ja, ja – Berlin, das muss sich lohnen

Und rings auf Bühnen aller Art
wird vieles uns geboten,
im Kampf um Gunst wird nicht gespart
bei Schwarzen und bei Roten

Der Reichstag trotz der Kuppelkrone
vom Kanzleramt wird überragt,
der Wille Kohls, dem Volk zum Hohne –
weh dem, der nach den Kosten fragt

Und Lasten der Vergangenheit?
I wo, das ist vorbei,
die Nazis sind längst alle tot,
Berlin ist Stasi-frei

Gewendet sind die Altgenossen,
der Gregor Gysi reißet Possen,
und selbst die Sahra Wagenknecht
macht es inzwischen allen recht

Und glänzend wird bald neu erstehn
das Hohenzollern-Schloss,
ade Palast der Republik,
der uns so lang verdross

Dann kommt die gute alte Zeit
ganz sicherlich zurück,
die Treue und die Redlichkeit
damit zugleich das Glück

Ernst Reuter einst rief als Prophet
„ihr Völker schaut auf diese Stadt".
Er hatte recht – so kommt und seht
und sicher seid Ihr alle platt.

Wowereit

Der Wowereit, der ist gescheit,
macht selbst aus Mist noch Gold,
doch fragt man sich gelegentlich,
bleibt ihm das Glück auch hold?

Landowsky und die CDU
verhalfen ihm zum Amt,
zu herrschen lernte er im Nu
in Seide und in Samt

Es wachsen Selbstgefühl und Mut,
Hans Dampf in allen Gassen,
er outet sich, ist das denn gut,
nicht alle können's fassen

Doch weh, es droht die Schuldenflut,
die lange er vergessen –
Der Bund muss helfen, das ist gut,
und es ist angemessen

Berlin, das ist doch seine Stadt,
die allerhöchste Werte hat,
die darf man nicht vergeuden,
weit leuchtend auf dem Berg sie steht,
das Land, die Welt sich um sie dreht.
Wer sieht es nicht mit Freuden?

Und wenn der Bund nicht helfen will,
so werde ich ihn zwingen,
ich halte nicht mehr lange still,
das Rechte wird gelingen. –

Doch ach, die böse Richterschar,
sie teilet seine Meinung nicht,
„arm, aber sexy", wenn auch wahr,
befreit ihn nicht von seiner Pflicht

Doch Wowereit bleibt unverdrossen
und predigt weiter den Genossen:

Nur keine Angst, ich bin nicht tot,
es liegen vor uns goldne Zeiten,
den wollen wir entgegenschreiten
mit einer Fahne, die rot-rot.

Und eh' es noch bemerkt die Welt,
erobert ist bereits das Feld,
wir können nun nach Lust bestimmen
und sind von allen Schulden frei,
wir brauchen nicht mehr zu ergrimmen,
die Zeit des Elends ist vorbei

Ich als der große Zampano
will führen Euch zum Heil,
und da Ihr gläubig, da Ihr froh,
wird Höchstes Euch zuteil

Doch halt, von Oskar droht Gefahr,
denn er ist voller Tücke,
ein Machtmensch er wie keiner war,
den reiße ich in Stücke.

Affärenreich ist ja sein Leben,
drum kann ich leicht ihm Saures geben,
ist sein Ruf erst ruiniert,
leb' ich gänzlich ungeniert.

Da tönt es laut, da tönt es weit
„Heil Dir, Du großer Wowereit!"

Die Kanzlerin

Wie konnte es denn nur geschehn,
dass eine Frau, zudem vom Osten,
der Männer Bastionen nahm,
dazu die lukrativsten Posten

„Kohls Mädchen" wurde Sekretär,
Minister, Kanzlerkandidat,
die Männer, die sie unterschätzten,
sie wussten alle keinen Rat

Sie hat Verstand, doch hat sie Herz?
Da fragt einmal den Friedrich Merz –
fast alles, was sie ausgedacht,
hat nur ein Ziel, und das heißt Macht

Gemächlich fährt sie meist im Trott,
mal sagt sie Hü, mal sagt sie Hott,
bei allem Hü, bei allem Hott
vertraut sie auf den lieben Gott

Sie liebt es nicht, im Amt zu schwitzen,
sie liebt es, alles auszusitzen,
doch ist gefährdet ihre Macht,
ist sie auf rasche Tat bedacht

So, um Wahlen zu gewinnen,
gab sie den Rentnern etwas zu,
und das Atom, zunächst hofiert,
verschwand auf Volkes Druck im Nu

Auch stoppt sie nicht die Schuldenflut,
die hat sie ganz vergessen,
will sich mit allen stellen gut,
darauf ist sie versessen

Wenn Konkurrenten zu beliebt,
sie werden schleunigst ausgesiebt,
gehn sie nicht selbst, droht Schleudersitz,
da mög sie treffen dann der Blitz

Dass gleichwohl sie nun sinkt im Flug,
das macht die Gute ganz betroffen
„Was ist der Grund?" fragt sie in Glut,
„Ich bin für jede Antwort offen"

Zur Antwort bin ich gern bereit,
kann länger Sie nicht schonen:
„Wie steht's mit der Gerechtigkeit,
die würde sich doch lohnen".

„Warum der Lobby so viel geben,
der das Gemeinwohl unbekannt
und deren egoistisch Streben
ist so fatal für unser Land"?[1]

„Familien sind heut oft in Not,
weil Kinder sind so teuer –
warum Sie ächten ein Gebot
der Kinderlosensteuer?"

---

[1] Der Präsident des Bundesrechnungshofs Dieter Engels hat kürzlich beklagt, dass sehr viele Subventionen und Förderinstrumente völlig überholt seien und dass die hohe Staatsverschuldung Gruppen belaste, die keine Lobby hätten, nämlich „unsere Kinder und zukünftige Generationen". Zugleich kritisierte er die Politik: „Weil der Druck nicht da ist, fehlt der Wille, etwas zu ändern" (Die Welt 9.2.2013, S. 1 und S. 8).

„Und warum immer mehr ins Miese
für die verdammte Euro-Krise –
wer sorglos lebt in Saus und Braus,
der bade selbst die Folgen aus!"

Es bleibt jetzt nicht mehr lange Zeit,
zu fördern die Gerechtigkeit,
sonst wächst noch die Verdrossenheit,
und die Piraten stehn bereit

Röttgens Entlassung

Röttgen, Röttgen musst Du gehn?
Wie sollen wir denn das verstehn,
warst im Korb doch stets der Hahn,
hattest immer freie Bahn

Aber Wahlen zu verlieren,
das ist nicht nach Merkels Sinn,
und so muss sie rasch parieren –
die Entlassung scheint Gewinn

Doch wenn jeder wird entlassen,
dem ein Fehler unterlaufen,
bluten die Parteien aus
und beginnen abzusaufen

Die Chefin selbst bei allem Frust
kann kaum verschmerzen den Verlust,
ist konfrontiert mit vielen Fragen,
die schwer ihr auf den Magen schlagen

Schon munkelt man von „harter Hand",
schon fordert man „mehr Menschlichkeit",
und kaum ein Bürger scheint bereit,
zu löschen diesen bösen Brand

So ist denn Deine Zukunft offen –
Du musst nur glauben, musst nur hoffen,
dann findest Du den Weg zurück,
und bald erblüht Dir neues Glück

Der Kommissar

Getuschel und Affären
kann schwerlich man vermeiden,
wenn man ein Mann von Ehren,
den viele sehr beneiden

Als Kommissar in Brüssel
war Turm ich in der Schlacht,
ich aß aus jeder Schüssel,
ich hatte Geld und Macht

Doch kaum wende ich den Rücken,
um die Spanier zu beglücken
durch Flirt mit Telefonica,
schon ist die ganze Meute da

Verleumdet mich auf Schritt und Tritt
ich nähm' Insiderwissen mit,
ließ mich entlohnen wie ein Star,
sei jeder Redlichkeit nun bar

Ach Gott, wie ist das ungerecht,
wie ist die Welt so falsch und schlecht,
man will mich gar verklagen –
was früher gang und gäbe war,
das schmähet nun der Neider Schar
und will es mir versagen

Jedoch ficht all dies mich nicht an,
ich heiße Martin Bangemann,
lass mir nicht bange machen –
ich bin und bleib ein Schwergewicht,
ich fürchte Tod und Teufel nicht,
das wäre ja zum Lachen

Der Kandidat

Immer wenn sich naht die Wahl,
fühlt der Bürger tiefe Qual,
wem soll er die Stimme geben,
anvertrauen Gut und Leben?

Anders ist es dieses Mal,
gibt doch Schaba ein Fanal,
laut hört diesen man posaunen
„Schaba kommt, legt los, ist da",
lässt als Retter sich bestaunen,
wie man sonst noch keinen sah

Wo er hobelt, fallen Späne,
Tabak pflegt er als Domäne,
hier will er dem Unheil wehren
und die Bürger mores lehren

Weg, ihr Freunde, mit Gedanken,
die dem Tabak ziehen Schranken –
was für jämmerliche Nieten
wollen Werbung hier verbieten
und die Meinungsfreiheit mindern!
Sind wir denn ein Volk von Kindern?

Haftung gar für Tabakschäden,
das ist doch ein starkes Stück –
Tabak wirket keine Schäden,
Tabak bürget für das Glück
und ist obendrein gesund,
Tabak drum in jeden Mund

Weg auch mit der Tabaksteuer,
die doch einfach ungeheuer,
kränkt den freien mündgen Bürger,
ist ein Arbeitsplatzerwürger,
bremst die produktiven Kräfte,
stört die kreativen Säfte,
richtet alle Welt zugrund –
weg mit ihr noch diese Stund!

Lob des Parteibuchs

Vetternwirtschaft? Es wär Schande,
sie zu dulden hier im Lande
Und Parteibuch? Diese Frage,
bringt mich wirklich fast in Rage,
denn sie zeugt von Unverstand,
der so häufig ist im Land

Das Parteibuch ist ein Zeichen,
das man Orden kann vergleichen –
wenn auch viele es erstreben
wird nur selten es vergeben

Siegel ist es höchster Güte,
Siegel ist es reinster Blüte,
wer es hat, der ist von Adel
Ritter ohne Furcht und Tadel

Deshalb Schande dem, der schmäht,
von Parteibuchwirtschaft schwätzt,
Zweifel und gar Missgunst sät,
Ehrenhaftes so verletzt –
böse Rede ist nur Neid,
es lebe die Partei(buch)lichkeit

Selbsthilfe

Ihr Lieben nein, nicht dieser Ton,
das ist doch keine Korruption:
Wenn ich in einem Amte sitze,
tagaus tagein am Schreibtisch schwitze,
verzehre mich fürs Vaterland
mit allerhöchstem Sachverstand,
so wäre es doch wohl gerecht,
dass all dies würde anerkannt,
stattdessen ist mein Lohn so schlecht,
dass jeder findet's eine Schand

Wenn ich das korrigiere,
wer ist es, der mich tadelt,
ich nehm nur, was mir zusteht,
und meine Mühe adelt

Und ohne solche Korrektur
mein Leben wäre ohne Glanz,
es wär vorbei mit Prunk und Spiel,
es wär vorbei mit Pracht und Tanz

Gerechtigkeit, Gerechtigkeit,
du bist mein Schild, du bist mein Schwert,
Gerechtigkeit, Gerechtigkeit,
du bist mir mehr als alles wert

Pinochets Klage

Das Vaterland war in Gefahr,
da tat ich meine Pflicht,
vertrieb Gesindel, Lumpenpack,
und hielt ein streng Gericht

Bald herrschte Ordnung, herrschte Recht,
nur Parasiten ging es schlecht,
als Führer war ich anerkannt,
und war beliebt im ganzen Land

Was faselt Ihr von Menschenrechten,
wenn rings erblüht das ganze Land,
wenn alle freudig applaudieren,
mir jeder dankbar küsst die Hand?

Mich jetzt in England arretieren,
das ich vertrauensvoll besucht,
ist Unrecht und ist inhuman,
und wird von Maggie selbst verflucht

Ich kann nur sagen: Eine Schande,
wie man mich hier behandelt schlecht,
Ihr Völker, löset meine Bande
es geht um Menschlichkeit und Recht

Zahlmeister Deutschland

Zahlmeister sein macht wirklich Spaß
– wenn andre beißen schon ins Gras,
kann man noch aus dem Vollen schöpfen
und helfen vielen armen Tröpfen

Da selbst wir haben hohe Schulden,
wir müssen lange uns gedulden,
wenn andre Schuldenberge türmen
und Schutz dann suchen vor den Stürmen

Schutzhäuser bauen früh und spät
verlangt die Solidarität,
und mag es kosten noch so viel,
für Deutschland bleibt es hehres Ziel

Das ist auch billig und gerecht,
denn Deutschland ist ein Störenfried,
malocht und exportiert zu viel,
nur darum geht es ihm nicht schlecht

Ein Lastenausgleich fällig ist,
den gebe Deutschland ohne Frist:

Her mit der Union der Banken,
her mit der Schuldenunion –
erwartet nicht, dass wir Euch danken,
es nützt Europas Integration!

Griechenlands Rettung

Griechenland, das ist uns teuer,
es ist Europas Fundament,
sein Erbe ist ganz ungeheuer,
auch wenn es heut kaum einer kennt

Die Griechen haben abgewehrt
der Persersturm, der kam vom Osten,
und haben Wissenschaft beschert
und Kunst – sie waren auf dem Posten

Drum müssen Griechenland wir retten,
selbst wenn es nicht zu retten ist,
zerbrechen alle seine Ketten,
gebt ewig diesem Lande Frist

Das ist auch Ansicht der EU,
sie denkt an Strafe nicht für Schmu
und hat mit allergrößtem Takt
geschmiedet einen Rettungspakt

Den dürfen wir nun mitbezahlen
und fühlen deshalb uns geehrt,
was wären das für Höllenqualen,
hätt solches Opfer man verwehrt

Wir sind zudem auch nicht dagegen,
dass dieses Opfer ewig währt,
denn Griechenland das bleibt ein Segen,
wenn es auch alles macht verkehrt

III. Wirtschaft

Der Tanz ums goldne Kalb

Die Börse ist das goldne Kalb,
um das sich viele drehn,
die Börse ist ihr Lebenssinn,
wie soll man das verstehn

Am Morgen gilt der erste Blick
dem Aktienindex, und welch Glück,
wenn der Dax ist stark gestiegen:
„wir können uns in Wohlstand wiegen,
her mit dem Hummer und dem Sekt
und her mit allem, was uns schmeckt!"

Doch wehe, ist der Dax gesunken,
dann wird nicht weiter Sekt getrunken,
die Armut lugt schon um die Ecke –
Was ist's mit andern Strategien?
Dem Dax wir können nicht entfliehn,
auch wenn er manchen bringt zur Strecke

Am schlimmsten aber, weh und ach,
ist ein großer Börsenkrach,
denn dann fast alles ist verloren,
wenn auf Kredit ward spekuliert –
da jammern sie, die armen Toren,
die nach Gewinnen so gegiert

Schlaraffenland

Bedingungsloses Bürgergeld
für alle Menschen in der Welt,
das fordert mancher Utopist,
der freilich leider stets vergisst,
zu sagen, woher kommt das Geld –
und gleichwohl manchen Bürgern
die Utopie so wohl gefällt,
dass ans Schlaraffenland sie glauben
mit Schwärmen von gebratnen Tauben

Wie schmerzlich ist da das Erwachen –
die Rattenfänger aber lachen

Der Sparmuffel

Zu sparen hab ich keine Lust,
denn wer spart, erlebt nur Frust,
er kann sich nicht mehr alles leisten,
wozu sich andere erdreisten

Am Spartopf nagt die Inflation,
zudem muss Zinsen man versteuern,
so weiß man nie, wieviel man hat –
es gilt Berater anzuheuern

Doch diesen kann man nicht vertrauen,
weil sie auf ihren Vorteil schauen.
So quält man sich so manche Jahre,
bis nicht mehr ferne ist die Bahre

Doch selbst im Alter – welch ein Hohn –
empfängt man keinen echten Lohn,
denn wenn man vom Ersparten lebt,
steht häufig man nicht besser
als andere, die nie gespart
und die nun Staates Esser

Wer spart, ist also ein Idiot,
zumal nie sicher, wann man tot –
Verprassen uns am besten schützt,
dass Sparen nur den Erben nützt

Lob der Verschwendung

Verschwendung sollte man nicht schelten,
sie fördert Wachstum, Arbeitsplätze
und viele kulturelle Schätze
in alten und in neuen Welten

Verschwendung kostet zwar viel Geld,
das dann an andern Stellen fehlt,
trotzdem gefällt sie aller Welt,
weil unsre Freiheit wird gestählt

Wenn wir zu teuer konsumieren
und, was noch brauchbar, ausradieren,
wenn wir so manchen Plunder kaufen,
wenn wir so vieles Geld versaufen,
so ist das alles ein Beweis,
wie frei wir sind – Gott Lob und Preis

Bankenkrise

Ach, wie ist das Leben miese,
alle sprechen nur von Krise –
die verdanken wir den Banken,
die fast alle heftig schwanken,
die uns heimlich oft regierten,
für die Freiheit stets plädierten
und nach Höchstgewinnen gierten
und drum heftig spekulierten

Dass sie fielen auf die Nase
nach dem Platzen mancher Blase,
finde wahrlich ich nicht schlecht –
es ist billig und gerecht

Doch weh, die Banken wissen Rat,
sie fordern Hilfe nun vom Staat:
„Wir sind systemerelevant,
gefährdet ist das ganze Land".

Wo hat es jemals das gegeben:
Zunächst Gewinne einkassiert,
dank Boni dann ein süßes Leben,
Verluste aber abserviert

Jedoch der Staat, der selbst in Not,
sogleich viel Hilfe ihnen bot:
„Die Banken dürfen nicht ersaufen,
wer sonst soll Staatsanleihen kaufen?"

Du liebe Zeit, Du lieber Gott,
wie müssen wir den Banken danken,
verhüten ja den Staatsbankrott,
drum weiset Gegner in die Schranken

Ackermann

Der Ackermann ist weit bekannt
als hoher Banker in dem Land,
sein Stern tät ihn schön führen,
so hat er Starallüren

Als Schweizer Chef der Deutschen Bank
er schuldet niemand Gruß noch Dank,
er hat viel Geld, er hat viel Macht,
ist auf Prestige stets bedacht –
er hält nicht viel von kleinen Fischen,
speist lieber an den Herrentischen,
die ganze Welt ist sein Revier,
und er erwartet Dank dafür

Er heimste ein Rekordgewinne,
befriedigt waren alle Sinne,
selbst im Prozess ein Siegeszeichen –
nichts, schien es, konnte ihn erweichen,
da er auf festem Grund agiert
und sich mit Goethes Motto ziert:
„Säume nicht, Dich zu erdreisten,
wenn die Menge zaudernd schweift,
alles kann der Edle leisten,
der versteht und rasch ergreift".

Doch es ändern sich die Zeiten,
„Bankenkrise" heißt das Wort,
und auf Banken rumzureiten,
wird ein allgemeiner Sport

Die Deutsche Bank ist auch dabei,
es tönet laut nun „occupy",
Prozesse in Amerika
und Foodwatch ist nun auch noch da

Doch Ackermann bleibt ungebeugt
– wer kennt ihn als Kanaille –
und Anerkennung ihm bezeugt
die „Lobbykratie-Medaille"

Zu herrschen weiß er ganz allein,
ist zudem kugelfest,
so soll er unser König sein,
auf, Josef, do your best

Der Bankspekulant

Haydorn bin ich, Spekulant,
wurde einstmals weltbekannt
durch den Ruin von Ashleys Bank,
die so lange von mir zehrte,
doch mir wusste keinen Dank,
als das Glück sich mir verkehrte

Nun, so hielt ich eine Rast,
komme gerade aus dem Knast,
lernte manches dort verstehn,
Zellen fegen, Hemden nähn

Freilich fehlte mir dort viel,
Frauen, Villa, Porsche, Spiel,
all das möcht ich nun genießen
mit der Welt zu meinen Füßen

Am Gelde wird es mir nicht fehlen,
denn es gibt viel gute Seelen,
die bejammern mein Geschick,
my story kann ich auch verkaufen,
schon kommen viele angelaufen,
mir öffnet sich der Weg zum Glück

Und sollte alles andre wanken,
so bleiben mir zur Not die Banken,
die werden sicher honorieren,
dass stumm ich blieb, statt zu parlieren –
ich hätte früher nicht gedacht,
dass Wissen solche Freude macht

Versicherer-Klage

Versicherer sein war einstmals Glanz,
entartet nun zum Eiertanz.
Wie schön war es in frühen Jahren
die fetten Ernten einzufahren
ob Krankheit, Unfall, Haftpflicht, Leben,
stets ward mit voller Hand gegeben

Ein riesiges Vertreterheer
erhielt und steigert' das Begehr –
Gesetz, Gerichte, Aufsichtsamt
so weich wie Seide und wie Samt

Doch plötzlich wie durch Zauberspuk
die Lage sich gar grässlich wandelt,
und unser schönes Königreich
von allen Seiten wird verschandelt

„Verbraucherschutz" man plötzlich hört,
(der hat uns doch noch nie gestört) –
am schlimmsten wie ein Höllenhund
hört laut man bellen Meyers „Bund"

Gesetz, Gerichte, Aufsichtsamt
sind ebenfalls nun aufgeschreckt,
sie packen zu mit neuer Hand,
und zollen uns nicht mehr Respekt

Der Wettbewerb wird hochgegeigt,
die Transparenz beständig steigt,
Reformen werden propagiert,
die Steuerschraube anvisiert

Prozesse hagelt's sonder Zahl,
und täglich mehrt sich unsere Qual,
so heißt's – als ob dies nicht genug –
„Versicherung, das ist Betrug".

Jetzt müssen wir uns endlich wehren,
sonst gehen elend wir zugrund,
die Schar der Feinde endlich speeren,
denn diese treiben es zu bunt

Wenn man uns weiter coujonniert,
dann werden Deutschland wir verlassen,
die Arbeitsplätze exportiert,
das Kapital fließt ab in Massen,
den Staatspapieren droht Boykott,
dem Staate damit der Bankrott

Ihr Lümmel habet nicht bedacht,
wie groß im Staate unsre Macht,
drum solltet Ihr bescheiden sein,
sonst schlagen wir Euch kurz und klein

Schuldenflut

Vielen Menschen geht's nicht gut,
denn ständig steigt die Schuldenflut –
schließlich fühlt man Schuldenkater
und ruft nach einem Schuld(en)berater.
Wenn dieser tadelt und nicht lobt,
so mancher Schuldner wütend tobt
und lehnt es ab, das Blatt zu wenden
– er wolle nicht in Armut enden

Auch vielen Staaten geht's nicht gut,
weil ständig wächst die Schuldenflut –
manche Staaten schon ersaufen,
in Deutschland kann man zwar noch laufen,
doch auch hier, Du lieber Gott,
nähert sich der Staatsbankrott

Wie kommt's, dass so viel Leut und Staaten
ein einfaches Prinzip verraten:
gib nicht mehr aus, als was Du hast,
sonst sägst Du an dem eignen Ast
und fällst dann anderen zur Last

Die rechte Strafe wäre Knast
für alle, die sich frech erdreisten,
mehr auszugeben, als sie leisten

Quälgeister Ratingagenturen

Zum Teufel mit den Agenturen,
den selbsternannten Kontrolleuren,
die unsre Bonität bewerten
und allesamt so großespuren

Zwar loben uns die „großen Drei"
bisher zu wiederholten Malen,
doch traut man diesem Urteil nicht,
weil wir ihr Votum ja bezahlen

Und nun erhebt sich ein Geschrei
„die Spitzenwerte sind vorbei" –
schon hat sich jetzt ein frecher Wicht
erdreistet, uns herabzustufen,
weil Deutschland in der Eurokrise
so oft zu Hilfe wird gerufen.

Es ist doch einfach unerhört,
dass solch ein Zwerg die Party stört –
statt unsre Hilfe zu prämieren,
er weiß nur eines: kritisieren;
drum werden wir den Wicht zerschmettern
und sorgen, dass in allen Wettern
man unsre Spitzennote achtet –
wir haben schließlich sie gepachtet!

Heulsusen

„Ach, wie schrecklich ist die Zeit –
unser Lebensstandard sinkt,
dafür ist kein Schwein bereit,
die Sache ja zum Himmel stinkt.
Auf Wachstum haben wir vertraut,
denn Wachstum wurde uns versprochen,
wenn einer heute das versaut,
so bleibet das nicht ungerochen.
Wir wollen mehr und immer mehr,
weh dem, der kürzt uns das Salär,
an Verdi und an Peter Heesen
soll die ganze Welt genesen;
geht es nicht anders, dann mit Schulden,
wir wollen uns nicht mehr gedulden."

„Das ist grotesk und ungerecht",
hört eine Stimme man da sagen,
„es geht uns heute doch nicht schlecht,
viel besser als in frühern Tagen,
und Schwankungen man muss ertragen –
Ihr Heulsusen, wie könnt Ihr wagen,
die Schulden weiter aufzutürmen,
anstatt sie endlich abzutragen,
zu wehren so den Zukunftsstürmen.
Nennt Ihr das Solidarität,
für die Ihr sonst doch schwenkt die Fahnen
und rührt die Trommeln früh und spät,
muss ich Euch da noch weiter mahnen?"

„Das ist Protest vom Kapital
aus schwarz-gelben Regionen –
der Protest ist uns egal,
so lang uns die Genossen schonen".

Doch der Protest, o weh, o weh,
er kam von Steinbrück, SPD,
und zeigt, dass dieser – wie so oft –
die Wahrheit sagt ganz unverhofft.
Dank Witz und Mut und gutem Rat
er wird zum Kanzlerkandidat

Anzumerken ist, dass nach einer Studie der Weltbank die Europäer heute wegen ihrer relativ geringen Arbeitszeit und relativ hoher Sozialausgaben die höchste Lebensqualität der Menschheitsgeschichte haben. Wegen der alternden Bevölkerung und der hohen Staatsverschuldung seien nun aber Reformen dringend erforderlich[1]

---

1 Siehe Kaiser, Die Welt 26.1.2012, S. 10.

Die Steuer

Die Steuer, die Steuer,
die ist mir nicht geheuer,
sie schert ohn Unterlass die Schaf
und bringt so manchen um den Schlaf

Zum Teufel mit der Steuer,
sie ist ja viel zu teuer,
sie frisst viel Geld und frisst viel Zeit
und korrumpiert die Ehrlichkeit,
weil viele, die jetzt leiden,
die Steuer wollen meiden –
so flüchten sie in alle Welt,
um zu verbergen schwarzes Geld,
das – weil es fremden Staaten nützt –
vom „Bankgeheimnis" wird geschützt

Doch niemand ist in Sicherheit,
weil stets Verrat von Neidern droht,
so kann der Strafe nur entgehn,
wer selbst sich anzeigt in der Not

Mit einem einzgen Federstrich
man könnte alles dies beenden
und die verdammte Steuer stracks
zur allertiefsten Hölle senden

Dass dann des Staates Kassen leer,
das muss man nicht beklagen,
denn lange ist uns ja bekannt,
dass viel zu groß sein Magen

Indes darf man nicht übersehn
die vielen Arbeitsplätze,
die heute man der Steuer dankt,
darunter wahre Schätze

Berater, Anwalt, Steuerfahnder,
sie werden sich verbitten,
dass man die Steuer einfach streicht
entgegen allen Sitten

Jedoch das lauteste Geschrei
wird kommen von den Banken,
denn diese wollen weiterhin
aus Schwarzgeld Honig tanken

So wird die Steuer bleiben
obwohl ein Ungeheuer,
sie lässt sich nicht vertreiben,
da sie zu vielen teuer.

Das gilt auch für Parteien,
die oft man hört schalmeien,
sie wollten Steuern senken,
um Wähler zu beschenken

Dass angesichts der Schuldenkrise
man Steuern eher erhöhen muss,
das will bisher kaum einer hören,
drum mache lieber ich jetzt Schluss.

IV. Gesellschaft

Hast Du nichts, so bist Du nichts

Hast Du nichts, so bist Du nichts,
denn es zählt allein das Geld,
Geist und Liebe? Lächerlich!
Nur das Geld regiert die Welt

Hast Du nichts, bist selbst Du schuld,
denn es gibt genügend Wege,
Geld zu scheffeln noch und noch,
wenn man tüchtig, wenn man rege

Sieh die Spitzenfunktionäre,
Unternehmer aller Arten,
Künstler, Models, Wissenschaftler,
Was willst Du noch länger warten

Merk vor allem Dir das Wort,
Goldnen Boden hat der Sport,
Effe, Schummi, Becker, Graf
scherten alle große Schaf

Vorbild soll Dir Schummi sein,
der fuhr immer vorneweg,
sackte Riesengelder ein
und ist zudem ein Steuerschreck

Auch weiß er Neider zu belehren,
dass man in Deutschland zu genau,
in andren Staaten interessiere
all dies hingegen keine Sau

Also auf, nicht länger zaudern,
wähle Dir nur rasch ein Ziel,
und schon bald wirst Du erkennen,
alles ist ein Kinderspiel

Des Kaisers neue Kleider

Des Kaisers neue Kleider
von Andersen erdacht,
die gibt es auch noch heute
und werden oft belacht

So kann man nur noch staunen,
was alles gilt als Kunst:
Fettecke Beuys, verrückte Launen,
alte Pommes frites im Dunst

Und solche Kunst wird hoch bezahlt,
weh dem, der sie verkennt
und der missachtet diesen Schatz,
er muss es büßen mit Ersatz[1]

Noch ärger sind die Sensationen
mit Bildern, die es schwerlich lohnen –
ein Kerzenbild für 12 Millionen[2],
damit man sollte uns verschonen!

Indessen sagt zum Trost Euch: „Leider,
schon wieder einmal Kaisers Kleider!"

---

1 Im Februar 2012 hat das OLG München eine Galeristin verurteilt, einem Künstler für zwei verloren gegangene alte Pommes frites (die er als Vorlage für ein goldenes Kreuz benutzt hatte) 2000 Euro Schadensersatz zu zahlen (Die Welt 10.2.2012, S. 1).
2 Siehe Die Welt, Sonderausgabe Februar 2012, S. V (Auktionsrekorde).

Gegen den Strom

Wohl dem, der keine Einsicht hat –
er treibt im Winde wie ein Blatt,
als Lemming lebt er in den Herden,
und das ersparet ihm Beschwerden

Weh dem jedoch, der Einsicht hat,
dazu den Mut, sie zu vertreten,
den Außenseiter macht man platt,
bemüht dazu sogar das Beten

Wie oft das Leben ward gemindert,
wie oft der Fortschritt ward verhindert,
weil Wahrheit wurde unterdrückt –
wehrt euch, dass es nicht weiter glückt

Der Feminist

Weh Dir, wenn Du kein Feminist,
es wird Dir niemand trauen,
bedenke stets, solang Du bist,
die Welt gehört den Frauen

Die *George Sand*, die ging voran,
sie rauchte und trug Hosen,
sie schrieb Romane obendrein
und wusste auch zu kosen

Die *Lou*, die war ein Phänomen,
das viele Männer bannte,
kaum hat sie einen angesehn,
er lichterloh schon brannte

Die *Beauvoir* pflegt Intellekt
und predigt viele Sachen,
die ihr Gefährte (Sartre) ausgeheckt,
man könnte wirklich lachen

Und hinter solchen Führern sieht
ein Heer man von Emanzen,
das wider alle Machos zieht
mit Schwertern und mit Lanzen

Indes die Machos halten stand,
obwohl sie ängstlich schauen,
die *Sprache* ist in ihrer Hand,
auf diese Macht sie bauen

Zwar mangelt es an Büchern nicht,
die Machos zu verwarnen,
doch fehlt bisher ein Wörterbuch,
die Machos zu enttarnen

Hier ist ein solches Wörterbuch,
die Machos werden schauern,
denn dieses Buch ein Rammbock ist
selbst gegen stärkste Mauern

Geschärfter Blick nun rasch erkennt,
wo Sprache unterdrückt,
setzt sich zur Wehr dort vehement,
emanzt sich hochbeglückt

Und solcher Einsatz wird belohnt,
die Machos sind schon bald entthront,
verlieren ihre Sprachherrschaft
bis hin zur „Frau (statt Mann) im Mond"

Wenn Frauen fremde Schafe weiden

Wenn Frauen fremde Schafe weiden,
dann müssen Männer oftmals leiden,
wie oft ich habe das erfahren
in jungen und in alten Jahren

Busch's Devise scheint zu gelten
– soll man lachen, soll man schelten –
„Schön ist es auch anderswo,
und hier bin ich sowieso"

Kaum ertönet die Sirene,
startet sie schon zu Irene,
um nach Anna dort zu schauen,
die der Liebling aller Frauen

Ruft noch rasch „Bin bald zurück!",
doch misstrau ich meinem Glück,
denn obwohl sie sehr gescheit,
fehlt der Sinn ihr für die Zeit

Träge fließen hin die Stunden –
ach, das Essen will nicht munden
ohne ihre kundge Hand
ist die Speise angebrannt

Ständig schrillt das Telefon –
ihr zur Wonne, mir zum Hohn:
„Wann sie kommt, kann ich nicht sagen,
aber bitte nicht verzagen!"

Haustürglocke – ein Klient
stürzt herein und ruft: „Es brennt!"
„Kann ich helfen?" – „Aber nein,
das kann Ihre Frau allein."

Und so ist der Tag vergangen
zwischen Hoffen, zwischen Bangen,
bis sie fröhlich steht im Haus –
Schluss drum mit dem Klaglied – aus

Wenn Frauen süchtig werden

Das Telefon, das ist ein Hohn,
warum ward es erfunden,
es kostet Geld, es kostet Zeit
und raubt uns viele Stunden

Vergessen ist die hohe Kunst,
sich einfach kurz zu fassen,
geplaudert wird nun hemmungslos
im Haus und auf den Gassen

Das Handy steigert noch die Not,
denn Tag und Nacht an allen Orten
sind Ferngespräche nun Gebot,
im Bade selbst und auf Aborten

Noch schlimmer, wenn der Handy Zahl
sich ungeahnt multipliziert,
und Tschapperl nun zu meiner Qual
mit mehr als einem schwadroniert

So wird das Telefon zur Sucht,
ermöglicht jederzeit die Flucht:
„Schön ist es auch anderswo
und hier bin ich sowieso" (Busch)

Ich muss diese Krankheit stoppen,
das Telefon ist eine Schand,
so werf ich – pratz – es an die Wand,
lass mich nicht länger foppen

Alte Männer – junge Frauen

Alte Männer – junge Frauen,
wenn als Paare sie zu sehn,
zeigen, was sich Menschen trauen,
die sich offenbar verstehn

Und doch kann man Fragen stellen:
Kommt die Frau da nicht zu kurz,
verjüngend sich ihm zu gesellen,
zu schützen ihn vor manchem Sturz?

Ist sie durch Liebe motiviert,
vielleicht auch andere Gedanken,
die sich (wie Status, Macht und Geld)
um ihren alten Partner ranken?

Wer Antwort sucht, der mag erfahren,
dass Goethe einst mit 70 Jahren
um eine junge Frau gefreit –
darob so mancher war befremdet,
das Schicksal hat es dann beendet,
es schwand der Traum, es blieb das Leid,
und dem verdanken wir auf Knien
„Marienbader Elegien".

Kinderkrippen sind oft Klippen

Kinderkrippen sind oft Klippen,
denn Kinder wollen zu den Müttern,
und Mütter wollen zu den Kindern –
warum denn diese Welt erschüttern?

Zwar mag es manche Fälle geben,
in denen Kinderkrippen taugen,
jedoch für alle danach streben,
verletzt Natur und Maß der Augen

*Das sehen auch die meisten Mütter so:
Nach einer repräsentativen Umfrage
würden fast 70 Prozent aller jungen
Frauen bei echter finanzieller Wahlfreiheit
ihr Kind in den entscheidenden ersten drei
Lebensjahren lieber selbst zu Hause betreuen.*

*Anstatt einseitig auf den Ausbau von Krippenplätzen
zu setzen (die monatlich 1000 Euro je Platz
kosten) und selbstbetreuende Eltern mit monatlich
100 bis 150 Euro abzuspeisen (was auf eine
unzulässige Diskriminierung hinausläuft),
sollte man deshalb ein einheitliches <u>dreijähriges
„Erziehungsgehalt"</u> einführen, das Müttern
in Deutschland nicht nur die verdiente
gesellschaftliche Anerkennung ihrer Tätigkeit
verschaffen würde, sondern auch die Wahlfreiheit bezüglich der Kinderbetreuung, und das
zudem dem bedrohlichen Geburtenschwund
entgegenwirken würde.*

Der Weltmann

Weltmann bin ich, bin charmant,
und im ganzen Land bekannt,
Gäste lad ich alle Wochen,
ob zum Plaudern, ob zum Kochen

Viele schalten sich dann ein,
wollen unterhalten sein,
deshalb wähl ich stets das Beste,
wenn ich lade zu dem Feste

Scheu mich nicht, den Clown zu machen,
denn was zählt, das ist das Lachen,
Beifall rauscht dann riesengroß,
Bio, heißt es, ist famos,
und das putzt sich ungemein,
denn es bringt Millionen ein

Dass ich Doktor und Jurist,
allseits längst vergessen ist –
Ach, wie liegt das weit zurück
Weltmann sein, das ist mein Glück

Der Playboy

Das Leben ist für mich ein Spiel,
ich spiele gut und spiele viel,
die Freiheit ist mein höchstes Ziel,
sie prägt mein Leben, meinen Stil

Wer frei sein will, dem muss man geben
und sorgen für sein *Recht auf Leben*,
deshalb zu meinem Nutz und Frommen
„*bedingungsloses Grundeinkommen*"!

Zugleich schützt meine Menschenwürde
vor unverdienter Arbeitsbürde,
und für die Fülle freier Zeit
stell *Brot und Spiele* man bereit

Ist so das Leben ohne Plagen,
besteht kein Grund mehr zu verzagen,
zumal da holde Weiblichkeit
ist jederzeit zum Spiel bereit

Der Großwildjäger

Als Jäger biet ich allen Trutz,
was faselt Ihr von Großwildschutz,
zu jagen habe ich das Recht,
denn schließlich zahle ich nicht schlecht

Das Jagen ist ein alter Brauch,
der allen nützt – den Tieren auch,
er stählet wahren Mannesmut,
nimmt Tier und Landschaft in die Hut

Ob Nashorn, Büffel, Elefant,
ob Löwe oder Leopard,
sie alle wären für den Brauch,
weil er die rechte Lebensart

Geschrei der Schwarzen stört mich nicht,
ich folge stets nur meiner Pflicht,
Die Schwarzen sind ganz unsozial,
und auf das Wildern nur erpicht

Komm mit Trophäen ich nach Haus,
so werden alle staunen,
drum wahre ich die Tradition,
und folge nicht den Launen

Der Hochstapler

Tief zu stapeln, liegt mir nicht,
selbst die Bibel ist dagegen,
sagt „verberge nicht Dein Licht",
davon hast Du keinen Segen

So stapele ich lieber hoch,
das hat die Bibel nicht verboten,
ein spannend Spiel, das Spaß mir macht
mit besten Karten in den Pfoten

Verkauf von Gold ist heute Trumpf,
dafür leert mancher seinen Strumpf,
ich brauch nicht lange zu verschnaufen,
um falsches Gold ihm zu verkaufen

Wertpapiere sonder Zahl –
wer die Wahl hat, hat die Qual,
da rat ich immer zu Papieren,
bei denen niemand kann verlieren
(weil sie schon heute wertlos sind)

Wie reizvoll ist die Ladytour,
erleichtert hab ich viele Frauen,
ich nahm sie alle in die Kur,
auch solche, die sich sonst nicht trauen

Gerate ich jedoch in Wut,
so sind als Opfer Banken gut,
Entführungen sind auch nicht schlecht,
dies alles dient dem Kampf ums Recht

Trotz einer großen Hundemeute
bekam man niemals mich zu fassen,
und angesichts der großen Beute
ich konnte wie ein Playboy prassen

Das A und O ist gutes Tarnen,
ich lief herum als Polizist,
um alle Bürger laut zu warnen,
vor mir, dem bösen Antichrist

Wie war das Leben frei und schön,
ich stand auf hohem Berge,
tief unten konnt ich Menschen sehn,
es waren lauter Zwerge

Doch schließlich hat ein Kümmerling,
ein Judas mich verraten,
als „Supergangster" fing man mich,
ich galt als Satansbraten

So wurde ich denn hoch verknackt,
und das ist ungerecht,
ich habe nie Gewalt geübt,
und meinen Opfern gings nicht schlecht

Zudem hat meinen Lebensstil
man jämmerlich verkannt,
denn Recht und Freiheit war mein Ziel,
bin Robin Hood verwandt

Drum wird man mich nach meiner Haft
auf Dauer nicht verwahren,
da ich ein edler Räuber bin,
wird man mir das ersparen,
und da mir die Geliebte treu,
beginne ich mein Leben neu
als Mann mit 70 Jahren

Der Postzugräuber

Mein Überfall vor vielen Jahren
auf einen Postzug voller Geld,
mein Ausbruch aus der Haftanstalt
– ich bin berühmt in aller Welt

Wie ich die Verfolger narrte,
wie ich floh von Land zu Land,
und zuletzt hier in Brasilien
eine neue Heimat fand

Verändern ließ ich mein Gesicht
und nahm mir eine neue Frau;
ausliefern konnte man mich nicht,
gelt ich bin schlau, ja ich bin schlau

Vergangen ist nun lange Zeit,
ich bin jetzt 70 Jahre alt,
wie ist mein Mutterland so weit,
manch Bild verlischt, manch Ruf verhallt

Wie gerne würd' ich England sehn,
doch ohne jede Reue –
der Postraub erst hat mich gemacht,
ihm halte ich die Treue

Die Diva

Liz Taylor war ein tolles Weib,
die ganze Welt lag ihr zu Füßen,
sie brauchte immer Zeitvertreib,
das mussten viele Männer büßen

Sie war so schön, sie war so reich,
es kam ihr keine andre gleich,
sie spielte die Kleopatra,
da kam ihr Richard Burton nah

Verlassen hat er Frau und Kind
und nahm die Liz zum Weib,
und Lust und Streit im Überfluss
war nun ihr Zeitvertreib

Der schönste Schmuck aus seinen Händen,
er konnte alles dies nicht wenden
– Jetzt kann man diesen Schmuck ersteigern,
da sollte niemand sich verweigern,
ein Stück von Liz hebt zu den Sternen –
wie viel wir können von ihr lernen

Die Putzfrau

Die „Putzfrau", einst so missgehandelt,
hat sich in kurzer Zeit verwandelt.
Zunächst der „Putzmann" sie befreit
vom Bilde steter Weiblichkeit

Sodann gewinnt sie neuen Sinn
und bleibenden Sozialgewinn,
als sie belehrt, dass sie nicht putzt,
nein, dass als Pflegerin sie nutzt

Zu hohem Aufschwung führt zuletz(t)
das 630-Mark-Gesetz,
Experten hatten prophezeit
es werde Putzfrau'n dezimieren
doch Walter Riester, zu gescheit,
ließ dadurch sich nicht imponieren

So ward die Putzfrau Rarität,
nach der man ausschaut früh und spät
und die man – welch ein Hochgenuss –
entsprechend sorgsam pflegen muss

Nur Walter Riester ganz verdutzt
sich staunend noch die Augen putzt

Zu meiner Zeit

Zu meiner Zeit, zu meiner Zeit,
da galt noch Recht und Sittlichkeit,
die Männer waren noch galant
und küssten oft der Frauen Hand

Zu meiner Zeit, zu meiner Zeit,
da waren Frauen noch bereit,
dem Mann zu folgen, ihn zu ehren
und viele Kinder zu gebären

Zu meiner Zeit, zu meiner Zeit,
da galt noch Recht und Sittlichkeit,
man rauchte keine Zigaretten,
und hüpfte nicht durch alle Betten,
man wusste noch, was sich gehört,
war von Emanzen nicht betört

Wie fern und weit ist jene Zeit,
wohin ist sie entschwunden,
ach komm zurück und bring uns Glück,
dass alles mög gesunden

Nach uns die Sintflut

Sparen – sicher tut das not,
sonst fehlt künftig es an Brot,
doch mich braucht das nicht zu kümmern,
denn ich bin dann lange tot

Umwelt schützen – das tut not,
sonst die Erde wird zu Kot,
doch mich braucht das nicht zu kümmern,
denn ich bin dann lange tot

Opfer bringen – das tut not,
sonst die Zukunft ist bedroht,
doch mich braucht das nicht zu kümmern,
denn ich bin dann lange tot

Bleibt vom Leib mir mit Moral,
die das Leben nur vergällt,
faktisch lebt nun jeder mal,
wie zu leben ihm gefällt

Und so habe ich das Recht,
jedes Opfer zu verweigern
und mein Leben nach Belieben
wie ich kann und will zu steigern

Auch bekenn ich ohne Qual
was später kommt, ist mir egal,
und darum sag ich wohlgemut,
von mir aus nach uns die Sintflut!

Das Atom

Ist die Rede vom Atom,
stehen alle unter Strom:
Die einen sind noch voller Wut,
dass man „verschleudert" dieses Gut,
die andern sind noch voll Entsetzen,
dass man Atome könne schätzen
und dass der Lobby es gelungen,
mit Lug und Trug und Engelszungen
Atome einstens durchzusetzen,
die doch die ganze Welt verletzen –
es fehlt nicht nur an Sicherheit,
auch die Entsorgung ist noch weit,
Atommüll wird für Wahnsinnszeiten
der Nachwelt Sorgen noch bereiten

Wir brauchen einen Ombudsmann,
der für die Nachwelt fechten kann
und bringen alle vor Gericht,
die Nachwelt-Rechte achten nicht:
„Nach uns die Sintflut" – wer so denkt,
der wird in Zukunft aufgehenkt

V. Sport

König Fußball

Wer ist König heute
und regiert die Welt?
Fußball, liebe Leute,
allen er gefällt

Leeren sich die Straßen,
kann man sicher sein,
Fußball schwingt sein Zepter,
bannet Groß und Klein

Fußballspiel verzaubert
alle, die es sehn,
endlich einmal frei sein,
ach, wie ist das schön

Endlich ganz sich geben,
schreien voller Lust,
seine Helden feiern,
stöhnen voller Frust

Auf den Schiri fluchen,
der korrupt und blind,
und die Fans verbellen,
die vom Gegner sind

Einen Elfer fordern,
Pfeifen laut im Chor,
sich umhalsend brüllen,
Tor, Tor, Tor, Tor, Tor

Schließlich fühlt sich jeder,
seelisch tief erquickt,
Heil Dir, König Fußball,
der uns so beglückt

FC Bayern I

Verleumdet mir die Bayern nicht,
die armen Prügelknaben,
wie oft man zieht sie vors Gericht,
die nichts verbrochen haben

Denn wahrlich ist's nicht ihre Schuld,
dass Geld sie schwer belastet,
und dass drum auf dem Fußballplatz,
so mancher gerne rastet

Der Fußball bleibt zu Recht ein **Spiel**
im Club der Millionäre,
das Rackern mögen andre tun,
man kauft sich Legionäre

Und wenn es manchmal blitzt und kracht,
so sollte man nicht staunen,
denn Künstler haben nun einmal
Allüren oder Launen

Und klug ist es in jedem Fall,
sich häufiger zu schonen,
um voll dann fit zu sein am Ball
in Standardsituationen

Dass Schwalbenflug man kultiviert,
das sollte man nicht tadeln,
denn Freistöße gar fein justiert
Kultur des Spieles adeln

So ist es nicht verwunderlich,
dass Bayerns Ruhm sich weitet,
doch ist der Spieler Jubelchor,
von Missgunst auch begleitet

Das ficht die Bayern gar nicht an,
sie sind oft deutscher Meister,
sie holten oft schon den Pokal
und werden immer dreister

In jedem Spiel beweisen sie
die Güte ihrer Rasse
es ist nie Glück, ist stets Verdienst,
ein jeder Spieler Klasse

Und dass in England ward vergeigt
ein Sieg, der schon in Händen,
daran ist nur der Schiri schuld,
er ließ das Spiel nicht enden

Verleumdet mir die Bayern nicht,
sie haben starke Götter,
die setzen jeden auf die Bank,
der sich erweist als Spötter

FC Bayern II

Die Bayern sind nun weltbekannt
und haben alles in der Hand –
die Herzen schlagen voll Entzücken,
weil Bayern ständig Siege glücken,
als Helden Spieler man verehrt,
und ihre Hemden sind begehrt

Die Bayernhymne ist entstanden
und sehr beliebt in deutschen Landen
„FC Bayern über alles,
über alles in der Welt",
und im Falle eines Falles
hilft der Ruhm und hilft das Geld

Doch plötzlich geht ein Spiel verloren,
ein zweites Spiel, du liebe Zeit,
und rasch macht Panik rings sich breit,
futsch ist auch die Tabellenspitze.

Der Hoeneß tobt, zieht an den Ohren
und hat nun keine Zeit für Witze:
„Wo bleibt denn Eure Einsatzfreude,
wo bleibt denn Eure Lust am Spiel,
wo bleibt denn Eure Leichtigkeit,
warum verfehlt Ihr Euer Ziel?
Die Fans vertragen keinen Frust,
sie wollen Sieg und nicht Verlust,
und Siege will die ganze Welt,
sonst knausert sie mit ihrem Geld!"

Wie sind die Spieler da erschrocken,
sie machen rasch sich auf die Socken,
gewinnen alle Folgespiele,
erreichen damit alle Ziele

Die Bayern, die Bayern,
lasst uns mit ihnen feiern

Mario

Kein anderer macht uns leicht so froh
wie unser lieber Mario,
er führt den Ball mit Eleganz,
das Fußballspielen wird zum Tanz

Er tanzt bald links bald rechts vorbei
und trifft ins Tor mit Siegesschrei,
die Flanken schlägt er zauberhaft,
verleiht der ganzen Mannschaft Kraft

Erregt beim Freistoß manche Schauer,
besiegt er doch die stärkste Mauer,
kurzum, man kann es wohl verstehn,
die Fans, sie wollen **ihn** nur sehn

Indes dem Helden droht Gefahr,
denn ständig wächst der Neider Schar,
sie gönnt ihm nicht, dass er ein Star,
der einstmals nur ein Klempner war

Als Diva wird er nun verhöhnt,
was er auch tut, es ist verpönt,
statt rackern gehe er spazieren,
Millionen wolle er kassieren

Doch ist's nicht billig und gerecht,
dass Mario pocht auf Effes Lohn?
Dass man ihm zwei Millionen weigert[1]
ist das nicht wirklich blanker Hohn?

Es geht hier gar nicht um das Geld,
es geht um die Gerechtigkeit,

---

1 Dass der FC-Bayern ihm nämlich „nur" 4,5 Millionen bot statt der von Effenberg verdienten 6,5 Millionen Mark im Jahr.

wird die verletzt, ist jeder Held
zum opferreichen Kampf bereit

Indes der Effe kühl erklärt,
so viel sei Mario nicht wert.
Der Uli Hoeneß murmelt matt,
der Basler sei ein Nimmersatt,
und Hitzfeld hört man hierzu leiern,
„Nicht FC Basler – FC Bayern!"
Selbst Beckenbauer kommt zu Wort,
„Wenn er nicht folgt, so muss er fort"

Weh Mario, Dein Sach steht schlecht,
doch kannst Du sie noch retten –
Du musst wie Effe seinerzeit
Dich auf ein Sofa betten,
derweil Dein Weib den Lohn erkämpft,
der Dir als Held gebühret,
solch femininer Einsatz hat
noch stets das Herz gerühret

Lothar

Choleriker mit großem Kopf
und hohem Selbstgefühl,
er weichet keinem Gegner aus
stürzt stets sich ins Gewühl

Obwohl er nicht der Jüngste mehr,
bleibt stets er doch am Ball,
er läuft, er schießt, er rempelt, brüllt,
bringt manchen auch zu Fall

Selbst in der Nationalmannschaft
agiert er noch mit großer Kraft –
was Wunder, dass er nun gerührt
zum Mann des Jahres wird gekürt

So wie er häufelt Gold auf Gold,
so sind ihm auch die Frauen hold,
wenn eine Ehe ihm zerbricht,
die Folgefrau ist schon in Sicht

Kurzum, wenn man sich äußern soll:
Der Lothar, der ist einfach toll!
Sponsoren ein Museum bauen,
dass ewig wir den Lothar schauen

Die Helden von Bern

Ach wie sind die Zeiten fern,
da es die Helden gab von Bern,
Fritz Walter, Otmar, Liebrich, Eckel,
die steckten alle in den Säckel,
und Rahn schoss gar das Siegestor,
hob zu den Wolken uns empor

Und heut? Welch schnöder Niedergang –
wir stehen da wie Prügelknaben,
bei jedem Spiele wird uns bang,
weil keine Helden mehr wir haben

Heut spielt man nicht mehr um die Ehre,
die Profis denken nur ans Geld,
sie feilschen selbst bei Länderspielen,
vermarkten sich in aller Welt

Ach hätten wir sie doch zurück
die Berner Helden – welches Glück

Katzenjammer

Deutschland, Deutschland über alles
15 Spiele ungeschlagen
und die Fans im Freudentaumel
– wir werden Meister ohne Fragen!

Doch Italien wird zum Schreck
und schnappt die Meisterschaft uns weg
dank Balotellis Zauberschüssen
– ach, dass wir das erleben müssen

Hätt' eine deutsche Mutter doch
das schwarze Kind einst adoptiert,
dann wär solch scheußliches Malheur
uns dieser Tage nicht passiert!

Nun bleibt uns nur die Wunden lecken,
die Balotelli hat geschlagen –
Joachim Löw, einst siegessicher,
wird kleinlaut und beginnt zu zagen

Nicht ohne Grund, verlor er doch
das e, das ihn zum Löwen adelt –
die Presse, die ihn einst gelobt,
nun nur noch seine Fehler tadelt

Doch merket, Fußball ist ein Spiel,
man sollte es nicht überschätzen,
so schön es ist, es geht nicht an,
es über alles sonst zu setzen

VI. Tröstliches

Trostlied

Wenn grau der Tag, wenn grau die Welt,
verzage nicht am Leben,
denn wenn auch heute Regen fällt,
die Sonne wird sich heben

Bist einsam Du, bist Du allein,
verliere nicht den Glauben,
denn bald schon kann es anders sein,
lass Hoffnung Dir nicht rauben

Sieh über Dir den Himmel weit
und öffne Dich dem Leben,
erlerne Selbstvergessenheit
und übe Dich im Geben

Weltverbesserung

Wer die Welt verbessern will,
muss bei sich beginnen,
nur so kann er sicher sein,
etwas zu gewinnen

Toleranz als erster Schritt
kann schon manches glätten,
höher noch Verständnis steht,
vieles kann es retten

Aber erst der Liebe Kraft
kann die Welt verwandeln,
bringt die volle Meisterschaft
für Einsicht und für Handeln

Ratschlag

Kinder, lasst das Rechten sein,
das die Welt zerteilet –
stimmt Euch auf die Liebe ein,
die Zerteiltes heilet

Der Vater

Als Vaterkind bin ich geboren,
ich kannte Dich vor aller Zeit
und hab' als Vater Dich erkoren,
Du fandest freudig Dich bereit

Du bist für mich der höchste Stern,
der Richtung gibt dem Leben,
ich bin Dir nah, auch wenn ich fern,
würd alles für Dich geben

Ein Vorbild Du an Menschlichkeit
und immer strebendem Bemühn,
ein Kämpfer für Gerechtigkeit,
so lass mich, Vater, mit Dir ziehn

Die Königin

Wer kennt nicht unsre Königin,
schön von Gestalt, von hohem Sinn,
klug und beschwingt und sonnenhaft,
begabt mit großer Zauberkraft,
den Menschen freudig zugewandt,
so fühlt ein jeder sich gebannt

Und dass Du wahrhaft königlich,
es wird vom Himmel selbst bezeugt,
dein Sternbild „Löwe" spricht für sich
wer löwenhaft, bleibt ungebeugt

Der Löwe herrschet voller Kraft
ist königlich und sonnenhaft,
er meistert auch das Rad der Zeit
mit Zukunft und Vergangenheit,
er weiß das Böse abzuwehren
das Gute in der Welt zu mehren –
auch Du hast solchen hohen Sinn
drum vivas, liebe Königin

Hochzeitsrede

Hochverehrte, liebe Gäste,
seid willkommen zu dem Feste,
das wir hier in froher Runde
weihen jungem Ehebunde

Sich zur Ehe zu entschließen,
ist riskantes Unternehmen,
und so gibt es viele Menschen,
die sich dazu nicht bequemen,
leben in den Tag hinein –
Partner ja, doch Trauschein nein

Dieses scheint mir ganz verkehrt,
nicht jedoch, was Schiller lehrt:
„Drum prüfe, wer sich ewig bindet,
ob sich das Herz zum Herzen findet!"

In Marburg und in fernen Landen
Ihr habt geprüft und habt bestanden,
und Eure Wahl war keine Qual,
denn Ihr ergänzt Euch optimal

Probt Philippe für die Tour de France,
Bettina meditiert in Trance,
und plaudert sie dann voller Glück,
hält er im Reden sich zurück

Als Seelenkundler von Format
Ihr werdet alles wohl verstehn,
Euch helfen stets mit Rat und Tat
und notfalls Manches übersehn…

Uns Uwe und sine Fru

I.

Uwe Hansen ist bekannt
bei Jung und Alt im ganzen Land
als großer Mathematicus,
der zelebrieret mit Genuss
vor Schülern, Lehrern und Gelehrten,
die ihn in aller Welt begehrten

Wie groß auch immer seine Last,
man sieht den Uwe nie in Hast,
er weiß, was zählt, er weiß, was gut,
das schafft Gelassenheit und Mut

Und Friederikes Heiterkeit
schafft einen Himmel hoch und weit,
sie weiß das Leben zu versüßen,
zu Recht liegt Uwe ihr zu Füßen

Das Leben währet siebzig Jahre,
so kann man in der Bibel lesen,
als köstlich sei es zu betrachten,
wenn Müh und Arbeit es gewesen

Den Test hat Uwe längst bestanden,
doch bleibt ihm Zeit, in vielen Landen
noch weiter Menschen zu belehren;
die nach ihm rufen, ihn verehren

Denn Geisteskraft kann Jahre steigern,
und gute Geister sich nicht weigern,
die Lebensspanne zu erhöhen,
wenn sie so reiche Ernte sehen

Uns Uwe können wir nicht lassen,
selbst Uwe Seeler muss erblassen,
wenn Uwe heut sein Zepter schwingt –
als Gäste sind wir froh zugegen
und wünschen, dass auf seinen Wegen
ihm alles, alles wohl gelingt

II.

Sie ist charmant,
schüttelt herzlich die Hand,
ist ein Ur-Musikant,
schwingt den Taktstock frappant
und schwebt galant
an Uwes Hand

Verachtend allen
eitlen Tand,
und wahrlich nicht
gebaut auf Sand,
der Welt, den Menschen
zugewandt,
sie ist beliebt
im ganzen Land

III.

Gegensätze ziehn sich an,
so habt zusammen ihr gefunden,
und Euer Bund hat sich bewährt
in guten und in schweren Stunden

Bürger, auf die Barrikaden

Bürger auf die Barrikaden,
denn die Welt ist in Gefahr,
lang schon Lobbygruppen schaden,
und der Widerstand ist rar

Dass die Erde wird zerstört,
nehmt nicht länger hin,
ganz zu Recht seid Ihr empört,
zeiget Euren Sinn

Wenn die Erde wird zur Wüste,
löscht sie alles Leben aus,
Wachstum kann dann nichts mehr nützen,
auch kein noch so schönes Haus

Und die Bürger reagieren
– ob Castor oder occupy –
„die Lobby soll uns nicht regieren,
wir sind das Volk und wir sind frei"

Tyrannensturz

Wie Albtraum sie vorüberziehn,
sie alle, die die Menschheit hasst,
weil alle Werte sie zertreten,
Tyrannen, die der Welt zur Last

Geschändet Menschlichkeit und Recht,
es herrschen Willkür und Gewalt,
Verfolgung, Spitzel, Lug und Trug,
es zittern ständig Jung und Alt

Entstanden ist ein Reich des Bösen,
aus dem es kein Entkommen gibt,
wer fliehen will, der ist verloren
und wird von Kugeln bald durchsiebt

Und doch wird solches Reich nicht dauern,
denn es ist nur auf Sand gebaut,
es schützen nicht die stärksten Mauern,
wird Ruf nach Freiheit einmal laut

Und wenn das Volk die Ketten bricht,
der Spuk ist rasch zu Ende –
das Dunkel weicht, es scheint das Licht
lasst reichen uns die Hände

Apokalypse

Die Welt ist dunkel und kalt,
es herrschet die rohe Gewalt,
der Ruf nach dem Recht ist verhallt –
Retter, o Retter, komm bald

Ein Beben erschüttert die Welt,
und Angst die Menschen befällt,
der Lärm des Tages verhallt –
der Engel Posaune erschallt

Die Erde wird glänzend und licht,
wie die Sonne scheint Christi Gesicht,
doch wer zittert nicht vor dem Gericht,
da tönt es „Fürchtet Euch nicht"

Die Liebe verurteilet nicht,
sie legt auf Einsicht Gewicht,
sie ist auf Wandlung erpicht,
die Liebe hält kein Gericht

Kein Mensch ist ohne Schuld,
die Liebe hat Geduld,
sie kann Äonen warten,
dass Menschen um sich arten

Wer sündigt, wird erkennen,
wie sehr die Sünden brennen,
und wird nach Ausgleich streben
in einem andren Leben

Nur ständiges Bemühen
kann Euch nach oben ziehen,
es führt zu höhrer Sicht,
es hebt empor zum Licht

Abgesang

Am Schluss ich möchte Euch noch sagen,
Ihr Lieben solltet nicht verzagen,
zwar ist die Welt oft falsch und schlecht,
jedoch es gibt den Kampf ums Recht[1]

Für diesen Kampf bin ich geboren,
früh brannten mich Unrecht und Leid,
so bin ich dem Kampfe verschworen
für die Gerechtigkeit

Zwar diesen Kampf zu führen,
es ist kein leichtes Los,
nur wenig Weggefährten,
die Zahl der Gegner groß

So viele Niederlagen
und selten nur ein Sieg,
so viele Zweifelsfragen,
auf die das Schicksal schwieg

So kam denn schließlich eine Zeit,
da zog ich an das Narrenkleid –
als Narr kann ich die Wahrheit sagen,
die sonst so viele nicht vertragen

So nehmt zum Abschied meinen Rat –
nicht Worte zählen, nur die Tat!
Wer immer sucht den Weg zum Glück,
der schau nach vorne, nicht zurück,
er greife vorschnell nicht nach Sternen
und muss zunächst verzichten lernen

---

1   Siehe *v. Hippel*, Kampfplätze der Gerechtigkeit (2009).

Wer Wachstum uns und Wohlstand predigt,
der hat die Wirklichkeit verpasst,
wir haben schon zu viel geschädigt,
und sägen an dem eignen Ast

Wenn Ihr wollt die Erde retten,
habt ihr nicht mehr lange Zeit,
statt die Erde auszubeuten,
seid zu Opfern nun bereit

Sucht das Elend auch zu lindern,
das die Dritte Welt entstellt,
helft den Armen, helft den Kindern,
die das Leid gefangen hält

Mein Lied ist nun zu Ende,
ich falte meine Hände
und wünsche Euch viel Glück.
Da meine Kräfte schwinden,
das Banner reich ich weiter –
Heil Euch, Ihr wackren Streiter,
die sich zum Kampfe finden